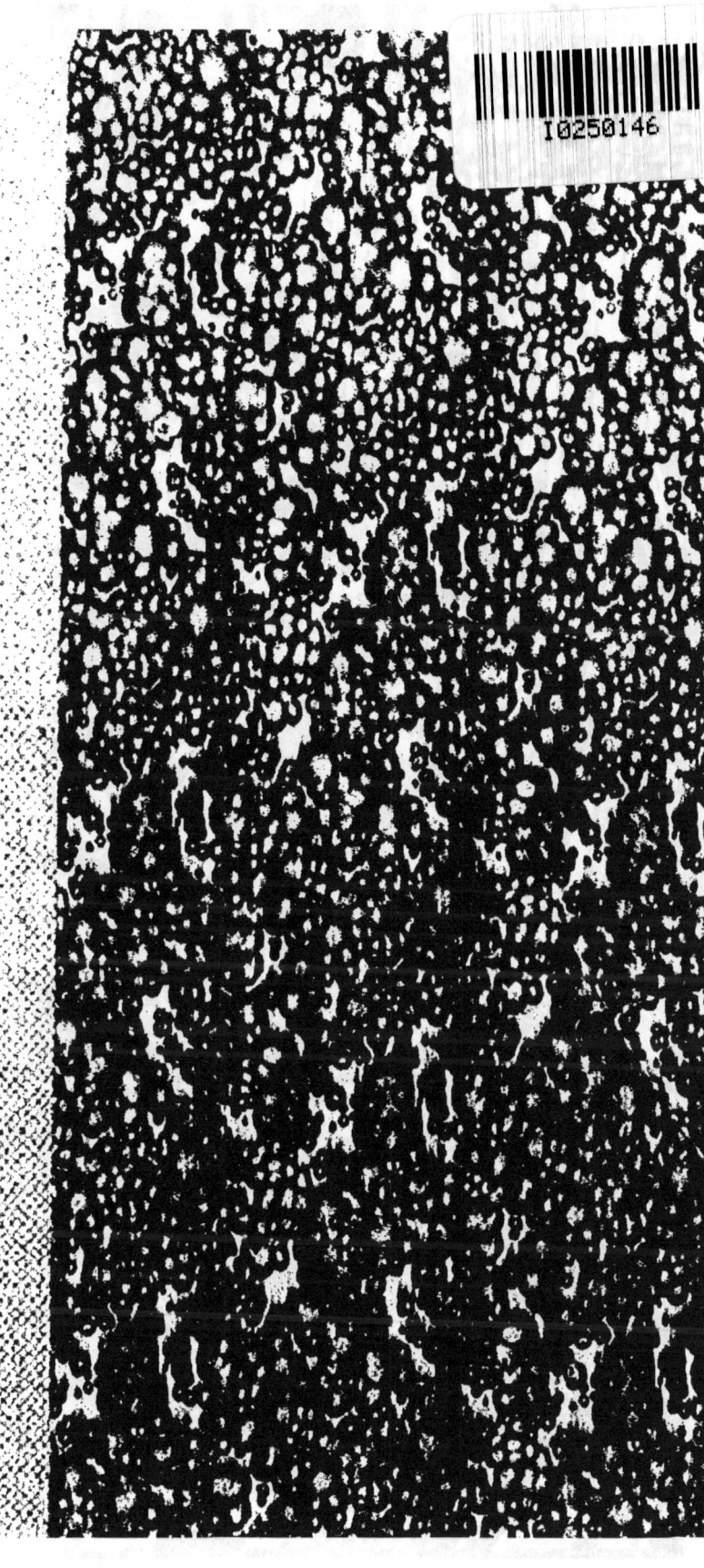

HISTOIRE
DE LA
SAINTE EGLISE DE BORDEAUX

Sixième Siècle.

SAINT LÉONCE

PAR

Hippolyte GAUDÉRAN

OBLAT BÉNÉDICTIN

Mention honorable de l'Académie de Bordeaux
(16 mai 1870).

TOULOUSE
L. HÉBRAIL, DURAND & DELPUECH
5, RUE DE LA POMME, 5,
Imprimeurs de l'Œuvre des Milices apostoliques pour les éditions destinées
à la France et aux pays de langue française.

1878

HISTOIRE
DE LA
SAINTE ÉGLISE DE BORDEAUX

Sixième Siècle.

SAINT LÉONCE

PAR

Hippolyte CAUDÉRAN

OBLAT BÉNÉDICTIN

Mention honorable de l'Académie de Bordeaux
(16 mai 1870).

TOULOUSE
L. HÉBRAIL, DURAND & DELPUECH
5, RUE DE LA POMME, 5,
Imprimeurs de l'Œuvre des Milices apostoliques pour les éditions destinées
à la France et aux pays de langue française.

1878

SAINT LÉONCE

OUVRAGES CONSULTÉS

SOURCES

S. Sollius Apollinaris, episc. Arvernensis et Ruricius Lemovicensis. — Migne, *Patrol.*, LVIII. *Notes* de Sirmond, Martère, Baluze.

S. Venantius Fortunatus. *Notes* de Luchi. *Patrolog.*, LXXXVIII.

S. Georgius Florentius Gregorius Turonensis et Fredegarius Scholasticus. *Notes* de Ruynart. *Patrol.*, LXXI.

S. Pontius Meropius Paulinus. *Patrol.*, LXI.

Aïmonius Floriacensis Monachus. *Patrol.*, CXXXIX.

GRANDES CHRONIQUES ET DICTIONNAIRES

Baronius et Theiner, *Annal. ecclesiastici*, édit. 1867.

Encyclopédie de Diderot et d'Alembert 1777.

Dictionnaire des Conciles, *Encyclop.* Migne, XIII, XIV.
    Id.   *d'Hagiographie*, XI, XII.
    Id.   *de Statistique religieuse*, IX.

Usuardi, *Martyrologium*. *Patrol.*, CXXIII, CXXIV.

ÉTUDES LOCALES

Hierofme Lopes, *L'Eglife metropolitaine et primatiale Sainct-André de Bourdeaux*. 1668.

Dom Proust, célestin, *Vie des Saints du diocèse de Bordeaux*. 1723.

Baurein, *Variétés bordeloifes*. 1784.

Proprium Sanctorum Burdigalense (édition courante).

Cirot de la Ville, *Histoire de l'Eglise Saint-Seurin de Bordeaux*. 1867.

Mezuret, *Histoire de Notre-Dame de Soulac*. 1866.

Calendrier ecclésiastique de Bordeaux.

L'Aquitaine, journal ecclésiastique de Bordeaux.

Proprium Sanctorum ecclesiæ et dioecesis Aginnensis. 1673.

Chaix, *S. Sidoine Apollinaire et son siècle*. 1867.

HISTOIRE
DE LA
SAINTE ÉGLISE DE BORDEAUX

Sixième Siècle.

SAINT LÉONCE

PAR

Hippolyte GAUDÉRAN

OBLAT BÉNÉDICTIN

Mention honorable de l'Académie de Bordeaux
(16 mai 1870).

TOULOUSE
L. HÉBRAIL, DURAND & DELPUECH
5, RUE DE LA POMME, 5,

Imprimeurs de l'Œuvre des Milices apostoliques pour les éditions destinées à la France et aux pays de langue française.

1878

Tous droits de propriété et de traduction réservés.

DÉDICACE

A

SON ÉMINENCE

Ferdinand Cardinal DONNET

Archevêque de Bordeaux.

Eminentissime Seigneur,

Un de vos enfants par sa naissance et par son éducation bordelaise, prêtre aujourd'hui dans le diocèse de Saintes dépendant de la métropole de Bordeaux, est heureux de vous offrir un petit livre composé dans le silence du cloître.

En écrivant la vie de vos prédécesseurs dans l'Episcopat et surtout de *Saint Léonce le Jeune*, il revoyait à douze cents ans d'intervalle les mêmes vertus sur le trône sacerdotal de Bordeaux. Comme Cyprien et Léonce l'Ancien, Votre Eminence dirige les augustes assises des Conciles ; comme Léonce le Jeune, elle rebâtit les temples du Seigneur, les basiliques de la Vierge, les oratoires des Saints; elle fait revivre les traditions et les gloires du passé, et, trop à l'étroit dans l'enceinte du plus vaste diocèse de France, multiplie ses bienfaits et ses labeurs en tous lieux où la religion et la patrie l'appellent.

Votre éloquence, paternelle au milieu de vos enfants, communicative au dehors, devient ardente à la cour des puissants qui tour à tour dominent sur nous, et, quand il le faut, sait prendre une voix sévère pour rappeler aux princes leurs devoirs.

Les enfants vous aiment, les pauvres vous bénissent, les soldats vous comptent parmi leurs officiers, l'agriculteur vous consulte, les savants vous écoutent, le clergé vous chérit, les puissants vous honorent, les Saints et la Vierge ont obtenu longue vie pour le bâtisseur infatigable de leurs sanctuaires. Dieu vous sourit du haut des cieux.

La ville de Bordeaux a donc mille fois le droit de répéter :

Tu quoque dicendus Burdigalense decus.

Et si j'étais Fortunat, je m'écrierais aussi : Celui qui loge si magnifiquement les saints ici-bas, mérite qu'ils lui fassent belle part dans le céleste héritage.

Daigne Votre Charité permettre que le dernier de ses enfants vienne lui demander une paternelle bénédiction, en lui accordant de se dire toujours,

de Votre Éminence,

le très-humble, très-obéissant et tout dévoué serviteur,

Hippolyte Caudéran,
curé de Saint-Pallais-de-Négrignac.

ARCHEVÊCHÉ DE BORDEAUX

Bordeaux, le 7 décembre 1877.

Monsieur le Curé,

J'accepte volontiers la dédicace de la Vie de saint Léonce le Jeune, regardant comme un grand honneur que mon nom figure à côté de celui d'un évêque aussi illustre.

En même temps, Monsieur le Curé, permettez-moi de me réjouir en voyant un prêtre, bordelais par son origine, travailler à la restauration d'une gloire bordelaise.

L'œuvre que vous avez accomplie demandait de longues et patientes recherches : je suis convaincu d'avance qu'elle sera digne de son objet. Personne n'a oublié, dans votre pays, les rares aptitudes dont vous a doué la Providence pour les travaux d'érudition.

Je n'ai pas lu votre manuscrit, Monsieur le Curé ; mais je me fie à votre talent et me promets de vives jouissances à la lecture de la vie de mon immortel prédécesseur, auquel j'ai élevé une belle église dans la nouvelle paroisse qu'il m'a été donné de créer au port de Langoiran.

Je suis, Monsieur le Curé,
   votre tout dévoué et affectionné

   † Ferdinand, Cardinal DONNET,
    Archevêque de Bordeaux.

DÉDICACE

A

SA RÉVÉRENCE
DOM GIOVANNI SCHIAFFINI

Abbé des Bénédictins du Mont-Olivet
A Saint-Bertrand-de-Comminges.

Très-révérend Père,

Vous le savez, c'est sous vos yeux, encouragé par votre laborieux exemple et par vos bienveillantes paroles, que le frère Hippolyte écrivit cette *Vie de saint Léonce* et de ses contemporains. Vous savez combien de veilles et de patientes recherches elle lui coûta.

A vous mes remerciments! à vous le principal mérite de ce travail! car, sans vous, je n'aurais pu ni l'entreprendre, ni le mener à bonne fin.

Permettez-moi, très-révérend Père, de regretter mon ancienne vie de silence, de travail et de prière; de regretter surtout les impérieux événements qui m'ont séparé de vous et de votre asile chéri; de regretter cette règle monastique que j'aimais de tout mon cœur, et pour laquelle je me croyais et me crois encore créé.

Puissent de nouveau se rompre mes liens, et le cloître et la solitude m'ouvrir leur refuge inestimable!

Daignent mes anciens frères prier pour moi et vous-même, Père révérendissime, bénir de votre main paternelle celui qui toujours demeurera

votre fils tout dévoué,

Hippolyte Caudéran.

DÉDICACE

A

SA RÉVÉRENCE
DOM AURÉLIEN

Révérend Père et cher Ami,

Pendant que vous déterrriez tout à la fois et l'église de Sainte-Véronique sous les dunes du Vieux-Soulac et sa Vie sous les dunes bien autrement entassées des vieilles traditions, préparant de la sorte un premier volume pour l'histoire de la sainte Église de Bordeaux, vous me fîtes naître le désir d'ajouter un feuillet à cette histoire, et d'écrire la *Vie de saint Léonce*. A Soulac et à Saint-Bertrand, nous travaillions tous deux sur les mêmes livres et les mêmes cahiers, unis par les mêmes goûts et enchantés par les mêmes découvertes.

Hélas! ces beaux jours n'ont point duré; ils ont fait place aux orages, aux larmes et aux angoisses.

Cette *Vie de saint Léonce* elle-même a dû souffrir : malgré l'accueil bienveillant que lui fit l'Académie de Bordeaux, elle a dormi plus de sept ans dans les tiroirs des archives.

Les événements politiques d'abord, puis bien d'autres tribulations, et la pauvreté de l'auteur surtout, semblaient lui présager un sommeil bien long. Elle voit enfin le jour, grâce à la délicate générosité de notre ami commun, M. Fleuret.

J'ose espérer que cette nouvelle vous causera quelque joie dans vos peines, et vous fera souvenir de l'inaltérable amitié que je vous dois.

Votre ami tout dévoué, votre frère très-affectueux,

Hippolyte CAUDÉRAN.

HISTOIRE
DE LA
SAINTE ÉGLISE DE BORDEAUX

VACANCE
DU SIÉGE ARCHIÉPISCOPAL DE BORDEAUX

Depuis la mort de saint Gallicin (475?) jusqu'à la fin du siècle.

La mort d'Euric rendit la paix à l'église d'Aquitaine (en 484, selon d'autres en 487). Son fils Alaric, quoique arien, montra toujours une grande bienveillance envers ses sujets catholiques, et les évêques qui avaient survécu à la persécution purent quitter l'exil ou la retraite, et reprendre sans obstacle le gouvernement de leurs diocèses.

Bordeaux n'avait plus d'évêque depuis l'année 475, et nous ignorons à quelle époque finit ce long veuvage. La première date certaine est celle du Concile d'Agde (506), où parut CYPRIEN, métropolitain de

Bordeaux. Il souscrivit avant Clair d'Eause, saint Tétrade de Bourges et Héraclien de Toulouse; mais cela ne nous apprend rien, puisque ces trois noms paraissent eux aussi pour la première fois. La seule conjecture qu'on puisse faire, c'est que l'ordination de Cyprien était plus récente que celle de saint Césaire d'Arles, président du Concile; or, celui-ci avait succédé à saint Eone vers l'an 501.

Hiérosme Lopes, dans son *Histoire de l'Eglise metropolitaine Saint-André de Bourdeaux* [1], s'exprime en ces termes : « Le Siege ne fust pas sitost rempli « apres la mort de Gallicin, pour l'empeschement « qu'y apportoit Euric. Mais ce Roy estant mort « enuiron l'année 484. la persecution cessa, & l'Eglise « eut la liberté d'eslire ses Pasteurs. Le premier qui « fut esleu, apres Gallicin, & dont nous auons quel- « que vestige dans l'antiquité, est Amelius. » Cette opinion est celle d'Oïhénart [2].

Le *Calendrier ecclésiastique* [3] du diocèse de Bordeaux place Amélius avant Cyprien, en lui accolant la fausse date de 506, qui appartient au second.

---

[1] Lopes, *Saint-André*, part. II, ch. IV, p. 166.
[2] Oïhénart, *Notitia utriusque Vasconiæ*, l. III, c. VII.
[3] *Calend. eccl. Bord.* 1869, p. 90.

MM. de Sainte-Marthe placent non-seulement Amélius, mais encore Léonce I avant Cyprien [1].

Christophe Brower, jésuite, annotateur de Fortunat, avait déjà inscrit Léonce I avant Cyprien; et même, d'après l'époque assignée (475), il l'inscrit, par le fait, avant Amélius lui-même.

M. le chanoine Cirot de la Ville, dans son *Histoire de Saint-Seurin* [2], fait « Amélius, évêque de Bor- « deaux, vers 484, » et immédiatement nous parle de « son successeur, Léonce I. » Le patient historien se range donc avec MM. de Sainte-Marthe. Plus loin, en s'appuyant sur un passage de Sidoine [3], M. Cirot croit pouvoir conclure « que Gallicin était « déjà parmi les martyrs (475), que S. Léonce I « venait de passer des dignités consulaires aux fonc- « tions ecclésiastiques pour lui succéder (476), et que, « s'il faut admettre entre eux Amélius, son épiscopat « ne fut qu'un passage. » Cette opinion dérive de Brower et de Sirmond.

Robert va plus loin, car il rejette Léonce I avant Gallicin, inscrivant, à la suite de ce dernier, Amélius, puis Cyprien.

[1] S. Marthani, in archiep. Burdig.
[2] Cirot, *Saint-Seurin*, p. 290.
[3] *Ibid.*, ch. x, p. 378.

Enfin une dernière opinion qui a pour auteur Le Cointe[1], et à laquelle se range dom Luchi[2], annotateur de Fortunat, imite le silence des chroniques jusqu'au Concile d'Agde, et n'inscrit AMÉLIUS et LÉONCE qu'à la suite de CYPRIEN. Le catalogue des archevêques de Bordeaux, dans le *Dictionnaire de Statistique religieuse* de Migne, reproduit le même ordre :

    Cyprien, 506, 511.   Léonce I, 541.
    Amélius, 520.   Léonce II, 560.

Le tableau suivant mettra sous les yeux l'état de la question.

DATES	ROBERT	Ste-MARTHE	BROWER	LOPES	LE COINTE
	S. Léonce I.				
465-475	S. Gallicin.	S. Gallicin.	S. Gallicin.	S. Gallicin.	S. Gallicin. (vacance.)
		S. Léonce I.			
	Amélius.	Amélius.	Amélius.	Amélius.	
			S. Léonce I.		
506	Cyprien.	Cyprien.	Cyprien.	Cyprian.	Cyprien.
					Amélius.
				S. Léonce I.	S. Léonce I.
	S. Léonce II.	S. Léonce II.	S. Léonce II.	S. Léonce II.	S. Léonce II.

[1] Coint., an. 541, n° 65.
[2] Luchi, in notis ad Fortunat, *Miscell.* II, c. XI.

Cette diversité d'interprétations naît de la rareté des documents, qui se réduisent à quelques textes de Sidoine et de Fortunat. Avant toute discussion, il convient de mettre ces textes sous les yeux du lecteur.

I. — Sidonii epistolarum, libri VII, epistola VI.

Sidonius domino papæ Basilio salutem.

« ..... *Burdegala*, Petrocorii, Ruteni, Lemovices, Gaba-
« litani, Elusani, Vasates, Convenæ, Auscenses, multoque
« jam major numero civitatum, *summis sacerdotibus ipso-*
« *rum morte truncatis, nec ullis deinceps episcopis in*
« *defunctorum officia suffectis*..... latum spiritualis ruinæ
« limitem traxit... Tu sacratissimorum pontificum *Leontii*,
« Fausti, Græci, *urbe, ordine, caritate medius* inveneris.....
« Agite..... ut *episcopali ordinatione permissa, populos*
« *Galliarum quos limes Gothicæ sortis incluserit*, tenea-
« mus ex fide, et si non tenemus ex fœdere..... »

Grégoire de Tours[1] se fait l'écho de la douleur de Sidoine.

« ..... Evarix, rex Gothorum, excedens Hispanum limi-
« tem, gravem in Galliis intulit persecutionem. *Truncabat*
« passim perversitati suæ non consentientes, clericos car-

---

[1] Grég. Tur., *Hist. Franc.*, l. II, c. xxv.

« ceribus subigebat : *Sacerdotes* vero, alios dabat exsilio,
« alios *gladio trucidabat.....* Maxime tunc Novempopula-
« niæ, *geminæque germanæ* (scilicet Aquitaniæ, ita enim
« corrigendus textus quo datur *Germaniæ*) urbes ab hac
« tempestate depopulatæ sunt. Exstat hodieque ea pro
« causa ad Basilium episcopum nobilis Sidonii ipsius
« epistola, quæ hæc ita loquitur. «

II. — Libri VI, epistola III.

Sidonius domino papæ Leontio salutem.

« Et si nullis hortantibus *primordia nostræ professionis*
« animatis, neque sitim ignorantiæ hactenus sæcularis ullo
« supernæ rigatis imbre doctrinæ, non ego tamen tantum
« mei meminens non sum, ut a meis præsumam partibus
« æquali officiorum lance certandum. Nam quum nostra
« mediocritas *ætate vitæ, tempore dignita is,* privilegio
« loci, laude scientiæ, dono conscientiæ vestræ, facile vin-
« catur, nullum meremur, si par expectemur eloquium. »

III. — Libri VIII, epistola XI.

Sidonius Lupo salutem.

« ..... Lampridius orator modo primum mihi *occisum*
« agnoscitur..... Huic quodam tempore Burdegalam invi-
« sens metatoriam paginam quasi cum Musa prævia misi.
« Puto hanc tibi liberius offerri..... »

Phœbus commonitorium Thaliæ.

« ..... Pernix..... meum memento
« Orpheum visere................
« Dic... Phœbus venit atque post veredos
« Remis velivolum quatit Garumnam
« Occurras jubet, ante sed parato
« Actutum hospitio; — *Leontioque*
« *Prisco Livia quem dat e senatu*
« *Dic : Jam nunc aderit*........
« .... Rusticum videto,
« Sed si tecta negant, ut occupata,
« Perge ad limina mox episcoporum ;
« *Sancti et Gallicini* manu osculata
« Tecti posce brevis vacationem..... »

IV. — Libri VIII, epistola XII.

Sidonius Trigetio salutem.

« Tantumne te Vasatium civitas..... sibi possidet, ut
« te..... attrahere Burdegalam, non postestates, non ami-
« citia, non opimata vivariis ostrea queant?..... Ecce jam
« *Leontius* meus facile primus Aquitanorum, ecce jam
« parum inferior parente Paulinus, ad locum quem supra
« dixi (Alingonem) per Garumnæ fluenta refluentia.....
« occurrent..... Veni..... (ad) *senatorem* nostrum hospitem
« meum. »

V. — Carmen XII.

Sollius Appollinaris Sidonius Pontio Leontio *salutem.*

« Et si utrique nostrum disparatis æquo plusculum locis
« lar familiaris incolitur, non idcirco tam nobis animam
« dissidere (scito), quam patriam..... Burgum tuam, quo
« jure amicum decuit, meam feci, probe sciens, vel mate-
« riam tibi esse placituram, etiamsi ex solido poema
« displiceat. »

Burgus Pontii Leontii.

« Est locus......................
« Quem generis princeps *Paulinus Pontius* olim,
« .... ambiit altis
« Mœnibus.......................
« Hæc celsi quondam conjux veneranda *Leonti*
« Qua non ulla magis nurus unquam *Pontia* gaudet
« Illustris pro sorte viri, celebrabitur æde..... »

VI. — Fortunati Miscellaneorum libri I, carmen XI.

De basilica Domini Dionysii (Burdigalensis).

« ..... Longius hinc *olim* sacra quum delubra fuissent,
« ..... Et plebs ob spatium sæpe timeret iter,
« ..... Exiguam dederat hic *præsul* Amelius arcem,
« ..... Quo vitæ claudente diem, dehinc prole graduque [1].

[1] *Var. Pro lege graduque.*

« *Venit ad hæredem hoc opus atque locus.*
« ..... *Fundavitque piam hanc papa Leontius aulam,*
« *Nec angusta prius substruxit fana sacerdos,*
« ..... *Hæc nisi perficeret, quæ modo culta placent*
« ..... *Assidue in prisco peragens cerimonia templo*
« ..... *Donec rite sequens consolidasset opus.* »

Il était essentiel de donner ces textes en latin; car toute traduction peut être accusée de partialité.

M. l'abbé Chaix, curé de Saint-Germain-Lembron et membre titulaire de l'Académie de Clermont-Ferrand, a mérité les suffrages de cette Académie pour l'œuvre travaillée et féconde qui a fait revivre, année par année et presque jour par jour, *saint Sidoine Apollinaire et son siècle*. Nous y recueillons les dates suivantes :

Première visite aux amis bordelais, Lampride, *Léonce*, Rustique, *Gallicin*, Trigèce......... vers l'an 463 ✝ 465.

Le poème sur Bourg fut écrit à Narbonne un peu plus tard, mais certainement avant la fin de l'année.................... 466.

La lettre à Léonce fut écrite..   entre 472 et 475.
La lettre à Basile date de....   475.
Le *second voyage* à Bordeaux doit être reporté ....   à l'an 477.
La lettre à Loup, qui renferme la copie du message de Thalie, est postérieure à 478 et antérieure   à 484.
Le passage de Fortunat est postérieur......................   à 567.

Il faut insister sur cette distinction des deux voyages de Sidoine à Bordeaux.

La première fois que Sidoine visita la métropole de l'Aquitaine, ce fut vers 463, lorsque la chute d'Avitus et celle de Majorien vinrent briser la brillante carrière du patrice et le jeter violemment dans un repos forcé. Grâce à ses relations pacifiques avec les rois visigoths, il put visiter sans crainte les anciens compagnons de ses études; son style trahit une âme jeune, enjouée, frivole, un cœur aimant, un homme épris encore de l'amour du monde et païen d'éducation. A peine si quelques mots jetés au hasard nous révèlent son titre de chrétien.

« ..... C'est probablement à la même époque, dit

« Chaix ¹ (en quittant Nîmes, vers l'an 463 ou 464),
« que Sidoine se rendit à Bordeaux, où il trouva,
« chez de nombreux amis, une hospitalité qui lui
« rappela celle de Prusanum et de Voroange (villas
« de Tonance Ferréol et d'Apollinaire de Nîmes).
« Il connaissait dans cette ville, Lampride, le jeune
« rival de ses essais poétiques, *Léonce*, qui descendait
« d'une race de sénateurs, Rusticus, et, entre beau-
« coup d'autres, le vénérable Gallicin, qui occupait
« le siége épiscopal de l'ancienne Burdigala.

« Bientôt la poste l'emporta par cette voie du sud-
« ouest, qui, partant de Lyon, conduisait, par les
« monts Arvernes, au golfe d'Aquitaine, en traver-
« sant les cités des Lémovikes et des Saintons..... Ar-
« rivé sur les bords de la Garonne, il prend une
« barque, et le voici, avec les matelots, frappant les
« flots à coups de rames.

« Le plaisir qu'il aura de revoir ses chers Aqui-
« tains, les scènes variées du rivage, le murmure des
« flots, la cadence des rames, tout réveille son ima-
« gination. Il va loger chez Lampride, chez un poëte.
« Ne serait-ce pas une idée heureuse de se faire pré-
« céder par sa muse, et d'envoyer Thalie, son hum-

¹ Chaix, *S. Sidoine Apoll.*, t. I, p. 218, 219, 220.

« ble messagère, frapper à sa porte ? Il se met en frais
« de poésie et compose à l'adresse de Lampride des
« vers où respire la grâce d'Anacréon.

« Dépose un moment ta lyre, ô ma Muse; noue avec
« un vert bandeau ta chevelure flottante, et que le lierre
« flexible ceigne ta vaste robe aux replis sinueux..... Sou-
« viens-toi de visiter mon Orphée qui, chaque jour, par
« l'harmonie et la douceur de ses chants, charme les ro-
« chers et les bois, et adoucit les cœurs les plus durs.....
« Dis-lui : Phébus arrive, il descend par la poste, il frappe
« de ses rames la rapide Garonne ; il ordonne que tu ailles
« à sa rencontre, mais après lui avoir aussitôt préparé un
« logement. *Dis à Léonce que Livie tira d'une famille
« sénatoriale,* Phébus arrivera bientôt. Vois ensuite l'aima-
« ble Rusticus, qui n'a de rustique que le nom. Et, si
« leurs demeures déjà occupées ne peuvent me recevoir,
« cours aussitôt à la demeure des évêques, et après avoir
« baisé la main du vénérable Gallicin, demande-lui à
« séjourner quelque peu sous son toit. Je ne voudrais
« pas, si je puis trouver un asile dans la maison de mes
« amis, aller tristement me réfugier dans les hôtelleries
« humides. »

« C'était une joyeuse dépêche et du goût de Lam-
« pride, qui aimait la poésie. Comment ne pas rece-
« voir avec le plus gracieux accueil un message où
« on le comparait aux plus grands poètes de la Grèce
« et de Rome ?.....

« Lampride occupait la chaire d'Ausone et de Pau-
« lin de Nole, et soutenait la gloire de l'école de
« Bordeaux par son génie, dont on vantait la facilité
« et l'abondance..... L'amitié eut bientôt réuni au-
« tour de Sidoine, outre Lampride, *Léonce, le pre-*
« *mier des Aquitains, Paulin, le pieux versificateur,*
« Anthédius, l'harmonieux poète et l'habile philo-
« sophe [1].

« *Léonce descendait de Ponce Paulin, père du*
« *célèbre Paulin de Nole. (Histoire littéraire de la*
« *France,* t. II, p. 409.) Ses qualités personnelles,
« ses immenses domaines lui avaient acquis une
« grande considération parmi ses concitoyens; il
« possédait une superbe villa sur les bords de la
« Garonne.....

« ..... Les journées fuyaient rapides pour cette
« société élégante d'Aquitains qui se pressaient au-
« tour de Sidoine Apollinaire. Si les conversations
« littéraires et les lectures avaient leur tour; les dés,
« la pêche, la chasse avaient aussi le leur [2].

« Il manquait pourtant à cette réunion un ami,
« Trigèce de Bazas. On avait réclamé sa présence par

[1] Chaix, *S. Sidoine Apoll.*, p. 221.
[2] *Ibid.*, p. 225.

« d'instantes prières ; rien n'avait encore pu l'attirer
« à Bordeaux. L'*hiver* l'enchaînait dans son poudreux
« municipe..... Comme un jour Sidoine se rendait à
« Langon *avec Léonce et son fils,* son parent, il lui
« écrivit de venir les joindre, afin qu'ils pussent ren-
« trer ensemble à Bordeaux. »

Sidoine y passa l'hiver.

« Pendant son séjour en Aquitaine, il dut aller
« jusqu'au pays des Saintons visiter Nammace, un
« de ses amis, qui demeurait à Saintes ou à Oléron.
« (*Epistol.*, l. VII, ép. vi [1]).

« Il vit sans doute Lupus à son retour de Bor-
« deaux. Ce poète habitait tantôt à Périgueux, sa
« ville natale, tantôt à Agen, pays de son épouse.

« ..... C'est dans ces mêmes années, c'est-à-dire de
« 463 à 465, qu'il faut placer le voyage de Sidoine à
« Narbonne ; il se trouvait dans cette capitale de la
« Narbonnaise peu après qu'elle fut tombée entre
« les mains de Théodoric et avant la mort de ce
« prince [2]. Il y fut attiré par la famille des Cosence,
« une des plus opulentes et des plus distinguées de
« cette capitale [3]. »

---

[1] Chaix, *S. Sidoine Apoll.*, p. 232.
[2] *Ibid.*, p. 233.
[3] Sidonii. Carm. XXIII.

« ..... Cette nouvelle hospitalité rappelait à Sidoine
« celle de *Burgos* (Bourg). Il songea aussitôt que la
« dernière main manquait aux hexamètres qu'il avait
« composés en l'honneur de *Léonce* : il repolit pres-
« que sous les yeux de Cosence son poëme sur Bur-
« gos, et l'envoya de Narbonne avec une dédicace où
« il félicite Léonce de posséder près de lui Bacchus
« et Apollon, qui ont choisi pour retraite sa brillante
« demeure [1]. »

« ..... Si la première Narbonnaise attirait Sidoine
« Apollinaire par ses familles consulaires et ses hom-
« mes d'élite, la seconde l'attira en ces temps par
« le célèbre évêque qui avait remplacé Maxime
« sur le siége de Riès. C'était Fauste, un des plus
« beaux esprits de la Gaule et un des plus grands
« évêques du cinquième siècle. Sidoine le connaissait
« par la renommée dont il jouissait et par les soins
« qu'il avait donnés à son frère [2]. »

« ..... Sidoine Apollinaire se reposa en Auvergne
« de ses voyages dans la Gaule méridionale, vers la
« fin de l'année 466 [3]. »

[1] Chaix, *S. Sidoine Apoll.*, t. I, p. 238.
[2] *Ibid.*, p. 248.
[3] *Ibid.*, p. 252.

« ..... La Cour de Toulouse fut alors le théâtre
« d'une de ces révolutions si fréquentes parmi les
« Barbares. Au moment où Théodoric II rêvait de
« nouveaux accroissements, il fut précipité du trône
« par le crime qui l'y avait porté. Il fut massacré par
« Euric, l'un de ses plus jeunes frères (466-467) [1]. »

Voilà une exposition bien claire du voyage de Sidoine dans nos contrées. Deux dates l'enserrent : la chute de Majorien (7 août 461), et la mort de Théodoric II (au commencement de 467).

L'*hiver* de 465 est la date la plus reculée qu'on puisse assigner à la visite de l'illustre ami de notre Léonce. Cette date devient par là même la seule connue de l'épiscopat de *Gallicin* : car le nom de ce vénérable métropolitain de Bordeaux ne se trouve absolument que dans ce vers du Message de Thalie :

Sancti et *Gallicini* manu osculata.

Il est à croire que le pieux prélat, canonisé de son vivant par Sidoine, *sancti*, périt dans la persécution d'Euric ; tous les commentateurs penchent pour l'af-

[1] Chaix, S. *Sidoine Apoll.*, p. 253.

firmative ; cependant un léger doute subsistera toujours, tant que l'on n'aura que le texte de Sidoine :

« *Bordeaux*, Périgueux, Rodez, Limoges, Mende,
« Eause, Bazas, Comminges, Auch, *dont les évêques*
« *ont été frappés de mort*, sans qu'on leur ait donné
« des successeurs..... »

Grégoire de Tours n'est pas plus explicite : « Eva-
« rix....., exilait ou *massacrait* les évêques....., de
« telle sorte que les villes de la Novempopulanie et
« de ses deux jumelles aquitaniques furent dépeu-
« plées par le fléau. »

Remarquons encore que Sidoine est l'auteur le plus ancien qui nous ait parlé des *Léonces* de Bordeaux : or, rien, dans le Message de Thalie, dans la Lettre à Trigétius, dans le Poème sur Bourg, ne nous donne à entendre que cette famille eût déjà été honorée de l'épiscopat. Donc l'opinion de ceux qui placent un Léonce avant Gallicin sur le siége de Bordeaux, ne saurait invoquer un seul texte positif.

Quelques commentateurs [1] ont essayé d'introduire bien timidement un *Sanctus*, frère et successeur de Gallicin, *qui serait cet évêque martyr sous la persé-*

[1] L'abbé Sabathier, Lettre à M. Ravenez.

cution d'*Euric*. Nous croyons qu'il ne faut point dédoubler Gallicin, et que le *Sancti* qui précède son nom dans le message de Thalie est une simple épithète :

> Perge ad limina mox Episcoporum.
> Sancti et Gallicini manu osculata
> Tecti posce brevis vacationem.

Tout latiniste qui n'aura point d'idée préconçue traduira naturellement : « Hâte-toi de courir au seuil « des évêques, et, baisant la main de saint Gallicin, « demande-lui s'il peut disposer d'une petite cham- « brette. »

Le mot *saint* n'a dans ce passage que la signification de *pieux* et *vénérable*. La traduction : *baisant la main de Saint et de Gallicin*, suppose une faute de latinité dans le texte et la simultanéité de deux évêques à Bordeaux. C'est difficile à admettre.

Nous suivrons le grand nombre, en adoptant le titre de martyr pour le vénérable *Gallicin*, et en reportant l'épiscopat du premier *Léonce*, au moins, après l'année 475.

A l'article *Saint Gallicin*, Hiérosme Lopes, nous dit, dans son *Histoire de l'Eglise Sainct-André* [1] :

---
[1] H. Lopes, *Hist. de l'Eglise Sainct-André de Bourdeaux*, p. 163.

« Comme c'est enuiron le temps de la grande per-
« secution d'Euric ou d'Evarix, Roy des Gots,
« qui, au rapport du mesme Sidonius, fit mourir
« l'Archeuesque de Bourdeaux, auec plusieurs au-
« tres Euesques de l'Aquitaine, il est assez apparent,
« que ce fut luy (Gallicin) qui fust la victime de
« cette persecution, que l'on marque estre arriuée
« enuiron l'année 475. »

« On peut conjecturer sans témérité, — dit la *Gallia Christiana* [1], et, après elle, M. l'abbé Cirot, dans sa splendide *Histoire de l'église Saint-Seurin* [2], —
« que Saint Gallicin souffrit le martyre sous la per-
« sécution d'Evarix, roi des Goths, vers l'an 475.
« Il fut une victime de ce grand désastre dont Si-
« doine Apollinaire nous a tracé le tableau ; Bor-
« deaux, Périgueux, Rhodez, Limoges, Mende,
« Eause, Bazas, Couserans, Auch et un grand nom-
« bre d'autres villes pleurent leurs pasteurs égorgés. »

Ici, nous avons le regret de constater une légère inadvertance de la part d'un autre Bordelais dont nous admirons la patience infatigable. Trompé par Sirmond sur la date du Message de Thalie, il a cru pouvoir dire : « Il paraît que ces mots (Baisez la

---

[1] *Gall. Christ.*, t. I, col. 7-81.
[2] Cirot, *Eglise Saint-Seurin*, ch. X, p. 378.

« main de Saint Gallicin) s'appliquent à Gallicin
« mort plutôt que vivant. Le poème auquel ils ap-
« partiennent fut composé, selon l'opinion de Sir-
« mond, à l'époque où Sidoine vint à Bordeaux
« pour solliciter la fin de son exil et son retour à
« Bourges, c'est-à-dire en 476[1]. Or la persécution
« dans laquelle Gallicin aurait reçu la palme du
« martyre est de 475. » — Sirmond lui-même est
peu coupable de cet anachronisme; au milieu de ses
travaux, il lui était difficile de débrouiller la chronologie de saint Sidoine, car l'évêque d'Auvergne,
en publiant ses lettres, ne s'attacha point à l'ordre
des temps, mais réunit ensemble celles qui étaient
de nature à intéresser les différents amis auxquels il
dédia ses neuf livres. Sirmond a dû se méprendre
facilement, et confondre les deux voyages à Bordeaux, et cela d'autant mieux que le *Message de
Thalie*, écrit pendant le premier voyage vers l'an 465,
se trouve inséré dans une *Lettre* à Loup de Périgueux, écrite après la mort de Lampride, vers l'an 480.

On ne peut donc pas conclure du *Message* que
Gallicin fût déjà mort, lorsque le texte est si clair
en faveur de sa vie.

[1] *Sid. Appol.*, op. Sirmondi, p. 144.

Faut-il placer *Léonce l'Ancien* dans les temps qui suivirent immédiatement le martyre de Saint Gallicin? M. l'abbé Cirot de la Ville est pour l'affirmative; la citation, commencée un peu plus haut, se continue en ces termes [1] : « D'ailleurs dans cette même Lettre, « où Sidoine reproduit les vers dont nous avons cité « un extrait (il s'agit, non de la Lettre à Loup, mais « de celle à Basile), il range un peu plus loin *Léonce* « parmi les plus honorables évêques. On doit con-« clure que Gallicin était déjà compté parmi les « martyrs, que *Saint Léonce I* venait de passer des « dignités consulaires aux fonctions ecclésiastiques « pour lui succéder, et que, s'il faut admettre en-« tre eux *Amélius*, sor épiscopat ne fut qu'un « passage. »

Cette citation s'appuierait sur la *Galliana Christiana*, t. II, col. 781. En effet, les MM. de Sainte-Marthe donnent *Léonce I* pour successeur à *Amélius*, qu'ils placent tous deux avant *Cyprien*, c'est-à-dire avant 506.

Lopes [2] réfute admirablement cette assertion, basée

---

[1] L'abbé Cirot., *loc. cit.*, p. 378.
[2] Hier. Lopes, *Hist. de l'Eglise Sainct-André de Bourdeaux*, p. II, ch. IV, p. 167, 168, 169.

sur deux ou trois interprétations erronées des textes de Sidoine et de Fortunat, cités plus haut. « *Cyprian*
« fut le successeur d'*Amelius*, contre le sentiment de
« M⁺ˢ de S⁺ᵉ Marthe, qui luy ont substitué *Leon-*
« *tius I*, fondés peut-estre sur ces derniers vers de
« Fortunat, que l'Euesque *Leontius* auoit esté l'héri-
« tier du troupeau et de la dignité d'*Amelius*.

«   Pro lege graduque
« Venit ad hæredem..... »

« Ils ont dit pareillement, apres Christophorus Brov-
« verus Iesuite, dans les notes qu'il a faites sur For-
« tunatus, que c'estoit à lui à qui s'adressoit la lettre
« que Sidonius adresse à Leontius, au l. 6 de ses
« Lettres, où il luy donne aduis de sa promotion, &
« confesse qu'il est son inférieur, à raison de son
« âge, & de sa vertu, & de son sauoir, & du temps
« de sa promotion à l'Episcopat, & de la Ville qui luy
« estoit soumise. Et si ce Leontius estoit l'Archeuesque
« de Bourdeaux, c'est sans doubte qu'il faudroit le
« placer auant Cyprian, comme nous verrons. Mais
« voicy la raison qui m'oblige à le mettre apres Cy-
« prian, parce que c'est ce Leontius qui assista &
« soubscriuit au quatriéme Concile d'Orléans, celebré
« l'année 541, ainsi que ie le montreray en sa vie, &

« Cyprian estant Archevesque dés l'année 506. en
« laquelle il assista & souscriuit au Concile d'Agde,
« comme nous dirons ; il faut donc qu'il soit placé
« auant ce Leontius.

« Pour le passage de Fortunat, il ne faut point
« l'entendre du premier *Leontius :* mais du second,
« duquel Fortunatus exalte la Piété, non-seulement
« dans le chapitre vnziéme de ce liure : mais encores
« dans le 6. 9. 10. 12. 13. & autres du mesme
« liure ; & s'il appelle le *second Leontius*, l'heritier
« ou le successeur d'Amelius, il l'aura esté, non pas
« son proche successeur ce que n'exprime point For-
« tunat : mais le premier de ses successeurs, qui esleua
« vne Eglise au lieu de celle qu'Amelius auait fait
« esleuer.

« Il est encores plus clair que ce *Leontius*, auquel
« Sidonius escriuit, n'estoit pas l'Archeuesque de
« Bourdeaux. D'autant que les Autheurs sont tous
« d'accord que Sidonius fut sacré Euesque de Cler-
« mont en Auuergne, l'année 472. & Gallicin estant
« encores Archeuesque de Bourdeaux, l'an 474. par
« l'aveu mesme de Mrs de Ste Marthe ; comment
« pourroit Sidonius reconnoistre *Leontius* Archeues-
« que de Bourdeaux, plus ancien Euesque que luy,
« comme il le reconnoist, puisque Leontius ne fut

« Archeuefque par leur adueu qu'apres Gallicin, et
« qu'Amelius fut fuccefleur de Gallicin? Ceci eft con-
« uainquant, auffi, n'ont-ils pas efté fermes dans
« leur fentiment, puifque dans la Vie des Euefques
« de Freiuls en Provence, ils difent apres Sauaron,
« le commentateur de Sidonius, que cette lettre dont
« il a efté parlé, s'adreffoit à *Leontius, Euefque de la*
« *Ville de Freiuls.*

« Mais il me femble que ce *Leontius*, auquel cette
« lettre s'adreffe, eftoit different de l'Euefque de Fre-
« iuls : parce que Sidonius lui confeffe que fa Ville
« l'emportoit fur fa Ville de Clermont : *Priuilegio*
« *loci,* & la Ville de Freiuls en ce temps n'eftoit point
« fi confiderable que la ville de Clermont, qui eftoit
« fort celebre dans les Gaules, & refifta longtemps à
« la puiffance des Gots, pour l'Empire Romain, à
« qui elle eftoit fort attachée. Tellement que ce *Leon-*
« *tius,* auquel Sidonius efcriuit, n'eftoit *ni l'Euefque*
« *de Bourdeaux, ni celuy de Freiuls :* mais c'eftoit
« *Leontius, Euefque d'Arles,* qui fut facré l'année 462.
« dix ans auant la confecration de Sidonius, et habi-
« toit une ville pour lors plus confiderable que la
« Ville de Clermont.

« Sidonius luy mefme l'a donné à connoiftre, efcri-
« vant à Bafilius Archeuefque d'Aix, au liu. 7. de

« fes Epiſtres, & luy disant, qu'il eſtoit placé au mi-
« lieu de trois ſaints Eueſques, *Leontius*, Fauſtus et
« Grœcus, particulierement à raiſon de ſa Ville.

« Et comme la Ville d'Aix ſe trouve placée au
« milieu des trois Euechez, d'*Arles*, de Riez & de
« Marſeille, Fauſtus eſtant pour lors Eueſque de
« Riez, & Grœcus de Marseille, il faut que *Leontius*
« ſoit l'*Archeueſque d'Arles*, et c'eſt à luy que ſ'adreſ-
« ſoit veritablement la lettre de Sidonius. »

L'abbé Chaix[1] reconnaît aussi *Léonce d'Arles* dans la troisième lettre du livre VI, dont il place la date au début de l'épiscopat de saint Sidoine. On reconnaîtra dans les lignes suivantes une traduction large, mais bien comprise, du texte auquel nous avons imposé le n° II. — « Sidoine Apollinaire aurait désiré
« recevoir une lettre de Léonce, au début de sa nou-
« velle carrière. Les rosées de sa céleste doctrine au-
« raient du moins étanché la soif de son ignorance.
« L'attente fut vaine. Aucune lettre ne venait d'Ar-
« les; aucun courrier n'apportait un message signé
« de Léonce.

« Sidoine s'en plaignit; il reconnut pourtant qu'il

---

[1] Chaix, *S. Sid. Apoll.*, t. II, p. 107.

« était téméraire de prétendre à la faveur de pareils
« entretiens, tant sa médiocrité était grande en pré-
« sence du savoir de Léonce, de la prééminence
« de son siége, et de cette expérience consommée,
« acquise dans les longues années d'un laborieux
« épiscopat. »

Nous ne croyons pas nous écarter beaucoup de la véritable époque de cette lettre, en lui assignant l'année 473. Du moins, cette lettre ne trahit aucune préoccupation. Euric est déjà maître, c'est vrai; mais sa puissance en Aquitaine est encore trop peu affermie pour qu'il laisse éclater sa haine contre le catholicisme.

Au contraire, la persécution avait déjà éclaté, lorsque saint Sidoine confia sa douleur à son ami Basile, évêque d'Aix (texte n° I). Déjà le glaive avait frappé plusieurs pontifes de notre pays, et, en particulier, les métropolitains de Bordeaux et d'Eause. Il fallait au plus tôt s'entendre pour leur donner des successeurs. C'était en 475, et cette année n'était pas achevée que l'évêque de Marseille, *Grec*, cité dans la lettre de Sidoine, diminuait par sa mort le nombre des zélateurs de la foi.

Saint Sidoine lui-même était sous le coup de la

surveillance visigothe, et l'année suivante, 476, on l'arrachait à son diocèse pour l'envoyer en exil. Il fut conduit sur les confins de la Narbonnaise, dans une forteresse située à douze milles de Carcassonne, qui se nommait Livia, et qui porta plus tard le nom de Campendu [1]. Léon, ministre d'Euric, sollicita la liberté de son ami, et, par ses instances, parvint à l'obtenir. Saint Sidoine rentra dans sa ville épiscopale, et, le 15 juin 477, il confiait à la tombe les saintes dépouilles du moine Abraham, le patriarche du cénobitisme arverne.

Il est difficile de placer avant cette époque le second voyage de saint Sidoine à Bordeaux. Au style, nous reconnaîtrons combien les temps sont changés! Ce n'était plus le jeune patricien en quête des joies et des épanchements de l'amitié, c'était l'évêque, battu par la persécution et plaidant la cause de son patrimoine, considéré sans doute déjà comme le patrimoine de l'Eglise et des pauvres. Encore ici laissons la parole à M. l'abbé Chaix [2] :

« Sidoine Apollinaire, arrivé à Bordeaux, fut frappé

---

[1] *Hist. de Languedoc*, t. I, p. 225.
[2] Chaix, *S. Sidoine Apoll.*, t. II, p. 228.

« de la nouvelle physionomie que la présence de la
« cour donnait à cette ville. Il ne pouvait admirer
« cete puissance d'Euric, si prodigieusement accrue,
« sans se rappeler qu'elle avait coûté à l'Auvergne
« son indépendance. Malgré le soin de tenir secrètes
« ses démarches, la nouvelle de son arrivée avait
« transpiré.

« Lampride, en qui les années n'avaient point re-
« froidi l'enthousiasme poétique de la jeunesse, le
« cherchait partout. Il lui avait envoyé à la hâte un
« messager avec une lettre brillante et fleurie (l. VIII,
« ép. ix). C'était moins l'évêque que l'ancien nour-
« risson des Muses qu'il voulait voir. Car, sans tenir
« compte du changement de mœurs qui s'était opéré
« en Sidoine, il lui demandait avec instances de nou-
« velles poésies.

« ..... Sidoine Apollinaire ne trouva pas à Bor-
« deaux des faveurs égales à celles dont jouissait
« Lampride. Le palais d'Euric ne s'ouvrait pas aussi
« facilement devant lui. Déjà deux mois s'étaient
« écoulés, et il n'avait pu paraître qu'une fois devant
« le monarque des deux Aquitaines. Il se regardait
« comme dans l'exil [1], et il gémissait sous le poids

---

[1] Chaix, *S. Sidoine Apoll.*, t. II, p. 229.

« de cette tristesse si peu propre à réveiller sa muse
« depuis longtemps assoupie, quand il reçut la lettre
« par laquelle Lampride réclamait des vers. L'évêque
« n'était guère disposé à reprendre sa lyre. Quels ac-
« cords aurait-il pu tirer de ses angoisses? Mais Lam-
« pride était bien reçu à la cour. Une épigramme
« habilement tournée, où serait chantée la puissance
« d'Euric, ne pourrait-elle pas, sous ses auspices,
« arriver jusqu'à ce prince, le rendre plus accessible
« et plus favorable à sa requête? »

Notre étude spéciale ne nous permet pas de donner tout le poëme de saint Sidoine ; nous en extrayons les passages caractéristiques qui établissent une démarcation bien tranchée entre les poésies composées lors du premier voyage et celles qui ne le furent qu'au second.

« Pourquoi veux-tu, ô Lampride, toi l'honneur de Thalie, que je chante dans mes vers Cyrrha ou les muses Hyanthides ou les doctes sources qui s'échappent des monts de l'Hélicon?... Heureux Tityre, tu as du moins recouvré tes campagnes; tu peux accorder ta lyre en te promenant au milieu des myrtes et des platanes; ta voix et ton archet manient d'harmonieux accents ; et tu ravis les âmes par tes cordes, tes chants et tes vers.

« Et nous, depuis plus de deux mois, la lune nous voit confinés dans ces lieux; nous n'avons vu qu'une fois le souverain, qui n'a pour nous beaucoup de loisirs, tant il est assailli par les peuples subjugués qui attendent sa réponse.....

« Cependant je perds mes jours en d'inutiles retards. Mais toi, Tityre, cesse de provoquer ma muse; loin de porter envie à tes vers, je les admire plutôt, moi qui, priant en vain pour ne rien obtenir, suis réduit au sort d'un autre Mélibée [1]... »

Quel contraste avec l'enjouement du *Message de Thalie* et la solennelle gaîté du *poëme sur Bourg*! Néanmoins, comme les époques de ces divers poèmes ont été confondues par les commentateurs, il est bon de laisser l'abbé Chaix défendre sa thèse une dernière fois :

« Comme Sidoine Apollinaire avait renoncé à la
« poésie profane lorsqu'il se fit évêque, plusieurs
« critiques ont pensé que la composition de ce poème
« était antérieure à son épiscopat, et qu'il fallait
« mettre en 467 ou 470 son voyage à Bordeaux.
« Mais à cette époque, Euric était loin d'avoir la
« puissance décrite par Sidoine Apollinaire. L'Au-
« vergne était déjà tombée sous ses lois, puisque
« Sidoine lui décerne les titres de seigneur et de

---

[1] Chaix, *S. Sidoine Apoll.*, p. 229, 230, 231. Sidonii Epist. l. VIII. ep. IX. ad Lampridium.

« maître, et que, dans la condition de simple sujet,
« il aspire à jouir, comme Lampride, du droit de
« citoyen.

« Les vers du poète se ressentent, il est vrai, de
« l'inspiration des muses païennes, mais le ton en
« est digne et sérieux, et rien n'y sent la légèreté et
« l'enjouement des poésies frivoles. Ce n'est pas non
« plus un panégyrique semblable à ceux où le poète
« courtisan adula les empereurs.....

« ... Quand il parle d'Euric, il se contente d'énu-
« mérer les divers peuples qui viennent implorer
« son appui ou proclamer son empire, sans rien
« affirmer qui puisse autrement tourner à sa louange.
« Car il est évident que les éloges décernés à cette
« domination étendue sur tant de contrées, ont
« moins trait aux qualités personnelles du prince
« qu'au bonheur de ses armes et au succès de ses
« entreprises. »

« On ne voit pas que Sidoine Apollinaire ait fait
« un plus long séjour à la Cour, ni qu'il ait obtenu
« satisfaction à sa demande.[1] »

Sidoine va désormais devenir muet pour nous; il
nous apprend que Nammace, son ami Santon, a été

---

[1] Chaix, *S. Sidoine Apoll.*, p. 231 232.

chargé par Euric de la défense des côtes d'Aquitaine contre les Saxons, et cela vers 479.

Enfin sa Lettre à Loup de Périgueux (texte n° III), nous apprend l'assassinat de Lampride vers 480.

Lui-même mourut neuf ans plus tard, vers l'an 489, le 23e jour d'août, après avoir vu la paix rendue à l'Eglise par l'avènement du bienveillant Alaric II [1].

Si nous récapitulons les textes de saint Sidoine appliqués par les auteurs à nos Léonces de Bordeaux, nous trouverons :

1° *Un sénateur Léonce,* fils de Livie, et parent des Paulins ; les textes qui le concernent se trouvent dans le Message de Thalie, la Lettre à Trigèce, et le Poème sur Bourg, où il est appelé *Ponce Léonce.* Nulle part, il n'est dit que ce *Léonce* ait été évêque ;

2° *Un Léonce, évêque d'Arles,* auquel s'appliquent les textes de la Lettre à Basile, et auquel plusieurs lettres ont été directement adressées. Ce *Léonce* étant reconnu par Sidoine comme plus ancien que lui dans l'épiscopat, ne peut, en aucune façon, être considéré comme l'un des successeurs de Gallicin sur le siége de Bordeaux.

---

[1] Chaix, *S. Sidoine Apoll.*, p. 372.

Or, en dehors de Sidoine, on ne cite aucun texte pour appuyer l'insertion d'un *Léonce* dans l'intervalle de 25 ans qui s'écoula depuis la mort de Gallicin jusqu'à l'épiscopat de Cyprien : donc, nous ne saurions inscrire le premier Léonce que dans le courant du siècle suivant.

Nous y sommes déterminé par un autre raisonnement, emprunté à Hierosme Lopes, dont nous avons eu déjà occasion d'apprécier la saine critique. — « C'eſt luy (*Leontius I*) qui aſſiſta & ſouſcriuit « au 4ᵉ Concile d'Orleans, non pas *Leontius II*, « comme l'ont eſcrit Meſſieurs de Lurbe & de « Saincte-Marthe. Parce que ce concile ayant eſté « tenu l'année 541, & *Leontius* y ayant preſidé et « ſouſcrit auant trois autres Metropolitains, le ſecond « *Leontius* eſtoit trop ieune, non ſeulement pour y « tenir ce rang, mais encores pour y pouvoir aſſiſter, « n'ayant pas encores l'aage de trente ans,... qui eſtoit « neceſſaire à la dignité de l'Epiſcopat. »

En effet, Léonce II n'est pas mort avant 567; il devait même vivre encore en 568 ; car Fortunat, qui ne quitta la cour de Sigebert qu'en 566, a dû faire au moins deux voyages à Bordeaux de son vivant. De plus, Léonce II a pu vivre jusqu'en 570, la date de sa mort nous étant inconnue, et la première date certaine de son successeur Bertramne étant 577, où il assista au synode de Paris. Léonce II étant mort à l'âge de 54 ans, ne pouvait avoir, en 541, que 27 ans tout au plus; 26 et même moins, s'il a vécu jusque vers 570. Donc, il est difficile d'admettre qu'en 541 il fût déjà le doyen des métropolitains qui siégèrent au Concile d'Orléans. Flavius de Rouen, l'un des Pères de ce Concile, était évêque en 533; il faudrait donc admettre que notre Léonce II aurait été honoré de l'épiscopat dès l'âge de 19 ans, ce qui répugne aux mœurs et coutumes canoniques de cette époque. La conclusion est claire : les deux Léonces ont siégé à Bordeaux pendant le sixième siècle, et c'est Léonce l'Ancien qui, en 541, présida le quatrième Concile d'Orléans.

Mais *Amélius* a-t-il siégé avant ou après Cyprien? dans le cinquième siècle ou dans le sixième?

Son nom paraît une seule fois et dans un seul texte, et ce texte nous apprend qu'il a été un des prédécesseurs d'un Léonce, rien de plus!

Voir plus haut le texte de Fortunat (n° VI). En voici la traduction :

Si tu désires connaître le *constructeur* de ce temple magnifique.
Je ne souffrirai que ta piété demeure dans l'ignorance.
Jadis, il fallait aller loin d'ici pour trouver une église,
Et souvent les fidèles redoutaient la longueur du chemin.
C'est pour cela que le pontife *Amélius* avait bâti ici même un petit santuaire,
Qui ne pouvait même pas contenir la population chrétienne.
A sa mort, *par les droits de la loi, de la nature et de la dignité*[1],
L'œuvre et le terrain passèrent à son héritier,
Et le pape *Léonce*, jetant les fondements de ce palais,
Offrit à son maître un présent magnifique,
Demeure consacrée au nom illustre du vénérable Denis.
..... Le prêtre se garda bien de faire enlever la petite chapelle
Avant d'avoir achevé le monument qu'il bâtissait au-dessus ;
Mais il continua d'officier dans le vieux temple,
Jusqu'à ce que le nouveau eût atteint sa perfection.

Le poëme de Fortunat fut composé, au plus tard, en 568, sous les yeux de Léonce II. Ce pontife faisait en ce moment bâtir plusieurs églises, c'est vrai; mais n'aura-t-il montré à son visiteur aucun des monuments que Léonce l'Ancien avait fait bâtir? Le poëte, parlant toujours au passé, *fundavit, substruxit*, la logique absolue défend de conclure pour l'un ou l'autre des deux Léonces.

La construction de la petite chapelle est déjà éloignée de l'époque où Fortunat visite l'Aquitaine, *olim*, jadis. Voilà pour la date d'*Amélius*. Ce Pontife, *à sa mort*, et selon la rigueur du texte, *en terminant le*

---

[1] J'ai traduit à la fois les deux variantes *lege et prole*.

jour de sa vie (ce qui, en bon français, doit signifier : *le jour qu'il termina sa vie*), ce Pontife laissa son œuvre à son héritier, qui, plus bas, porte nom *Léonce*. Ce *Léonce* est doublement héritier *à cause de sa naissance et de sa dignité*, d'après une variante (*prole, graduque*); *à cause de la loi et de la dignité*, d'après une autre (*pro legé graduque*) : ce qui diffère bien peu comme sens.

Cela peut signifier que le Léonce, dont il s'agit dans ce passage, succéda *immédiatement* à son père ou grand-père Amélius sur le siége pontifical de Bordeaux; mais cela peut signifier aussi que, simple héritier par sa naissance, il s'engagea à terminer l'œuvre de famille, et que, *plus tard*, évêque et doublement héritier, il la remplaça par une œuvre plus grandiose.

Par là nous voyons combien il est difficile de fixer exactement, et d'après ce texte unique, l'époque à laquelle Amélius gouvernait l'église métropolitaine de Bordeaux.

Cependant nous ne dirons point, avec la *Gallia Christiana* et l'*Histoire de Saint-Seurin*, qu'il siégea après Gallicin; mais que son épiscopat ne fut qu'un passage. Cette opinion est née de la nécessité de placer Léonce l'Ancien en 475, puisqu'on lui appliquait le texte de la lettre que Sidoine écrivit à l'évêque d'Aix (n° I).

Cette même lettre nous autorise à conjecturer que le siége de Bordeaux demeura vacant. « Et depuis « on n'a remplacé *aucun* des évêques qui sont morts. « Faites en sorte que, *sitôt* que l'on permettra d'or- « donner des évêques, nous soyons, par la foi, les « maîtres des peuples de la Gaule soumis aux Goths, « quoique par les traités nous en ayons perdu le « droit politique. »

Si nous consultons les diptyques d'Aquitaine, la plupart des églises sont veuves :

Agen ne cite Bébien qu'en 549.

Angoulême inscrit Aptonius I en 508.

Saintes assigne 500 pour date à Grégoire.

Poitiers montre une longue suite d'évêques depuis saint Hilaire (350 ✝ 368) ; mais il n'ose leur affirmer aucune date précise jusqu'à Adelphius (507).

A Périgueux, Chronopius II ne paraît qu'en 506.

Dans la Novempopulanie, Eause, la métropole, envoye Clair au Concile d'Agde en 506.

Il en est de même pour Auch, Dax, Lectoure, Comminges, Couserans, Aire, Oloron et Lescar, qui envoient au même Concile Nizier, Gratien, Virgile, Suavis, Lizier, Marcel, Grat et saint Galactoire. Tarbes ne nous montre Julien qu'en 541. Auch, il est vrai, depuis Armentaire (451) jusqu'à Nizier (506), inscrit deux noms dans son catalogue : Minerve I et Justin ; mais leur date est inconnue.

Quelle conclusion tirer d'un silence aussi général, surtout lorsqu'il s'agit de Bordeaux devenue la capitale du persécuteur Euric. S'il pouvait empêcher les ordinations dans l'étendue de son royaume, à plus forte raison devait-il comprimer autour de son trône la moindre manifestation catholique. Bien plus, dans la Lettre où Sidoine nous fait le tableau de la persécution d'Euric, il semble à tout instant refouler un aveu pénible :

Des hérétiques ne s'étaient-ils pas assis sur les siéges des martyrs ? Il ne le dit pas, mais toute sa lettre l'insinue.

Cette désolation cessa à l'avènement d'Alaric (584). Mais les intrus abandonnèrent-ils leurs siéges ? Nous avons beau feuilleter les catalogues des églises d'Aquitaine, Bourges et Clermont sont les seules villes qui puissent avec certitude nous montrer leurs évêques : Saint Simplice (472 ✝ 481), saint Sidoine Apollinaire (472 ✝ 489), saint Apruncule (489 ✝ 491). Partout ailleurs, silence ou doute. La certitude ne renait pour Bordeaux que vers l'an 501.

Nous croyons que l'état de l'Eglise à cette époque nous autorise à placer, après la mort ou le martyre de Gallicin (475), une vacance qui dura au moins jusqu'en 484 et peut-être jusqu'à la fin du siècle. Quant au Pontife Amélius, nous ne saurions en indiquer exactement la place : il siégea immédiatement avant Cyprien, ou lui succéda.

? AMELIUS
peut-être à la fin du Ve siècle.

Après avoir écarté l'opinion qui placerait en 475 l'éphémère épiscopat d'AMÉLIUS, nous devons enregistrer avec soin les conjectures plus acceptables qui le placent vers la fin du siècle; elles sont parfaitement présentées par le chanoine de Saint-André, Hiérosme Lopes, dont on entendra de nouveau la citation avec plaisir [1].

« Le siege ne fust pas si tost rempli apres la mort
« de Gallicin, pour l'empeschement qu'y apportoit
« la persecution d'Euric. Mais ce Roy, estant mort

---
[1] Hier. Lopes, *Hist. de Sainct-André de Bourd.*, ch. IV, p. 166.

« enuiron l'année 484, la perfecution ceſſa, et l'Eglife
« euſt la liberté d'eſlire ſes Paſteurs. Le premier qui
« fuſt eſleu, apres Gallicin, et dont nous auons quel-
« que veſtige dans l'antiquité eſt Amelius, duquel a
« parlé Fortunat. »

Le *Calendrier ecclésiastique* de Bordeaux se conforme à la chronologie de Lopes, et place Amélius sans date, entre Saint Gallicin et Cyprien. En certaines années cependant, notamment en 1869, ce *Calendrier* lui attribue la fausse date de 509, qui appartient à Cyprien.

Oihénart et Robert avaient adopté le même ordre. Sans vouloir trancher une question douteuse, nous croyons être plus près de la vérité en ne parlant d'Amélius qu'après Cyprien.

Ne devant écrire qu'en vue de l'histoire sacrée de notre métropole, nous sommes réduits au simple rôle de chroniqueurs pour les faits qui n'intéressent notre province que d'une manière secondaire.

Au nord de la Loire se développait de jour en jour la puissance des Francs. Un jeune prince de même âge qu'Alaric attirait sur lui les regards de la

Gaule catholique : car, bien que païen encore, il respectait les choses saintes et savait inspirer à ses soldats le même respect. L'évêque de Reims, le vénérable Rémi, avait déjà trouvé le secret d'adoucir cette âme hautaine.

Un événement imprévu mit les deux jeunes rois en présence. L'an 489, gêné par le petit royaume de Soissons, seul recoin de la terre où se conservât un reste du nom romain, Clovis déclara brusquement la guerre au patrice Syagrius qui portait le titre de roi. Syagrius vaincu s'enfuit à Toulouse. Le Franç exigea l'extradition de son concurrent. Alaric n'osa point refuser, et la tête du patrice tomba sous la francisque.

Les provinces du Midi comprirent que c'en était fait de la domination visigothe et appelèrent les Francs de tous leurs vœux.

Cependant en 493 et 494 on dut croire que la paix s'établissait à jamais dans l'Occident par le mariage d'Audeflède, fille de Clovis, avec Thédoric, roi d'Italie, beau-père d'Alaric, et par le mariage du roi des Francs avec Clotilde, nièce de Gondebaud, roi de Bourgogne, et beau-frère d'Alaric : les quatre principaux monarques qui s'étaient partagé les dépouilles de Rome s'unissaient ainsi par les liens de la plus étroite parenté.

L'an 496 est célèbre dans les chroniques du christianisme par la victoire de Tolbiac et la conversion de Clovis. Le prince fut instruit de la religion chrétienne par saint Vaast et baptisé par saint Rémi, évêque de Reims, le jour de Noël (496) avec ses deux sœurs et un grand nombre de ses soldats. Baronius rapporte ces deux faits à l'an 499. — Le pape Anastase écrivit au premier roi chrétien pour le féliciter.

CYPRIEN

CYPRIANUS. — CYPRIAN. VII. A. (Lopes).

Est sacré.......................... vers 502.
Assiste au Concile d'Agde.......... 506.
Préside le premier Concile d'Orléans 511.
Meurt.........................(date inconnue).

Nous plaçons vers 502, la date du sacre de notre évêque CYPRIEN, mais nous n'oserions en affirmer l'exactitude. Son sacre est antérieur à l'année 506, qui est celle du Concile d'Agde; de plus, il en signa les actes avant les autres métropolitains, ce qui prouve que, par son ordination, il en était le doyen; car le président du Concile étant l'évêque d'Arles, dont le siége était hiérarchiquement au-dessus des autres métropoles, il aurait pu être plus jeune dans le sacerdoce que la plupart des autres Pères, sans perdre la prérogative attachée à cette métropole. Or, à l'exception de saint Césaire, évêque d'Arles, tous les autres métropolitains présents à ce Concile ne sont point cités avant l'an 506. Césaire fut sacré en 502, d'après la rectification du P. Theiner dans les *Annales* de Baronius; et en supposant qu'il se soit trouvé doyen de fait comme de droit, il est impossible d'assigner à notre Cyprien une date antérieure.

Il faut placer à cette époque l'entrevue d'Alaric et de Clovis. Le roi des Goths voyant le succès du roi franc contre les nations voisines, lui envoya des ambassadeurs chargés de lui dire : « Si mon frère le « veut, et que Dieu nous soit propice, j'ai le dessein de « le voir dans l'intimité [1]. » Clovis ne refusa point, et les deux rois vinrent à la rencontre l'un de l'autre jusqu'en une île de la Loire, non loin d'Amboise. Ils causèrent familièrement, mangèrent et burent à la même table, se jurèrent amitié et se retirèrent avec le désir de continuer ces relations pacifiques (503).

Mais déjà presque tous les peuples de la Gaule désiraient avoir les Francs pour maîtres. Les évêques catholiques, craignant le retour des persécutions ariennes, favorisaient ce mouvement. Saint Quintien s'enfuit en Auvergne pour éviter la mort, et laissa la

---

[1] Greg. Turon., *Hist. Franc.*, l. II, c. xxxv.

ville de Rodez plongée dans le deuil. Saint Césaire, évêque d'Arles, accusé du même crime, fut exilé à Bordeaux. Voici ce que raconte un témoin oculaire nommé Cyprien, dans une relation qu'il écrivit pour Césarie, sœur du courageux prélat : « L'homme de
« Dieu vivait tranquille, lorsque la hideuse jalousie
« de Satan lui déclara la guerre, et n'ayant pas de
« vice à lui reprocher s'efforça de le faire passer pour
« un traître. Or, Licummann[1], son secrétaire, homme
« pervers et vicieux, n'hésita point à jouer envers cet
« homme apostolique le rôle de Judas contre le Sau-
« veur. L'infâme s'arme du venin de la délation, et,
« s'insinuant parmi les intimes d'Alaric, leur glisse
« à l'oreille que notre bienheureux Césaire, Gaulois
« d'origine, s'applique de toutes ses forces à déta-
« cher ses concitoyens du parti d'Alaric et les pousse
« à livrer la ville d'Arles aux Bourguignons. Pendant
« ce temps, Césaire, ce digne pasteur des âmes, pas-
« sant ses nuits et ses jours en prières, ne cessait de
« fléchir le genou devant Dieu, lui demandant la
« paix entre les peuples et le calme pour les cités.
« Aussi, devons-nous croire que ce fut à l'instiga-
« tion diabolique que l'on dut l'exil de notre saint

[1] Nom probablement mal lu et mal transcrit.

« et l'ordre barbare qui le chassa loin de nous : car
« l'ennemi ne voit pas avec amour celui qui prie et
« lutte de toutes ses forces contre son empire. Alaric,
« obsédé par les intrigues des accusateurs, ne fit au-
« cun cas de l'innocence, ne rechercha point la vérité;
« mais, condamnant sur une délation dénuée de
« preuves, il ravit à la ville d'Arles son évêque, et
« le relégua chez les Bordelais. »

Nous serions heureux de retrouver dans l'histoire le souvenir de l'accueil que Cyprien fit à l'illustre exilé; mais les monuments sont rares. Rurice, évêque de Limoges, nous apprend lui-même qu'il vit Césaire à Bordeaux. L'état de sa santé l'obligeait à fuir les rigueurs du plateau limousin, et à venir demander aux Léonces une prévenante hospitalité sous les cieux cléments des Vivisques. C'est pendant l'hiver de 504 à 505 qu'il pressa sur son cœur la victime des méfiances d'Alaric : les Rurices étaient une branche de cette famille Anicia, qui donna des empereurs à Rome, et qui, dans tous les pays soumis aux Césars, avait semé de nombreuses colonies. Les Avits et les Apollinaires, en Auvergne; les Georges, les Grégoires, les Armentaires, à Langres et à Tours; les Paulins et les Léonces, à Bordeaux, étaient, à divers degrés, des Aniciens, et à Rome ils traitaient de frères les Boëces et les Symmaques. Rurice, comme tant d'autres évêques de cette époque, avait passé par la vie du monde; marié de bonne heure avec Ibérie, fille d'Amnance, noble Arverne, il avait eu l'insigne honneur d'avoir à ses noces le poète Sidoine Apollinaire, alors au faîte des grandeurs, qui composa sur l'hymen des jeunes couples un gracieux épithalame. Mais Rurice et son épouse, dans le secret de leurs premiers épanchements, s'étaient confié un vœu bien digne de leur piété : sitôt qu'ils eurent donné un rejeton aux Rurices, ils renoncèrent au mariage pour vivre comme frère et sœur. Leur fils Ommace monta plus tard sur le siége de Tours, et leur petit-fils Rurice succéda à son aïeul sur le siége de Limoges.

Rurice fut témoin sans doute de la manière miraculeuse dont Dieu fit éclater l'innocence du primat des Gaules. — « Une nuit, un violent incendie s'élève et menace de dévorer la ville entière. Alors toute la population accourt vers l'homme de Dieu : « Saint « Césaire, s'écrie-t-on, éteignez, par vos prières, les « flammes et leur rage. » A ces cris, l'homme de Dieu, touché de pitié, s'avance vers les flammes, se jette le front contre terre, prie et refoule les tourbillons du feu. Dans le transport de leur joie, les habitants font retentir les louanges du Dieu tout-puissant. Depuis lors, il fut en si grande vénération qu'on le regardait dans cette ville, non-seulement comme un pontife (peut-être faudrait-il traduire comme le pontife), mais encore comme un apôtre; et l'auteur de la persécution, Satan, fut obligé de dévorer sa honte, en voyant la divine Providence couronner de l'éclat du miracle celui-là même qu'il avait essayé de faire passer pour fauteur de trahison.

« Il continua de vivre à Bordeaux comme il avait vécu partout et toujours, enseignant à l'Eglise qu'il faut rendre à César ce qui revient à César et à Dieu ce qui est à Dieu, obéissant, selon l'ordre de l'Apôtre, aux rois et aux puissances, lorsque leur commandement ne sortait pas des limites de la justice; mais il avait soin d'établir une distinction entre le prince et l'arien; il honorait l'un et méprisait les dogmes pervers de l'autre. Ainsi la lumière placée sur le candélabre de Dieu ne put être cachée; mais en quelque lieu qu'on la portât, elle ne cessa de luire à tous les yeux. Apprenant enfin comment le Ciel avait glorifié l'innocence du saint, le roi coupable le supplia de retourner dans sa métropole et de réjouir par sa présence son clergé et son peuple [1]. »

[1] Baronius, *Annales ecclés.*, ann. 507, p. 7, ex Cypriano.

Nous serait-il permis de proposer une conjecture que nous a inspirée la lecture de ce texte?

L'évêque de Bordeaux ne paraît nulle part : faudrait-il en conclure que cette ville était encore sans pasteur? Mais, dans ce cas, Césaire, qui fléchissait si peu devant les tyrans, n'aura-t-il point profité de la visite de quelques consolateurs, comme Rurice, pour choisir, parmi les prêtres bordelais qui avaient traversé les mauvais jours, un légitime dépositaire de la houlette de Delphin, de Seurin et d'Amand? Ce serait donc à cette époque, 504 ou 505, qu'il faudrait rapporter l'ordination de CYPRIEN, et le silence de l'Histoire à son égard serait justifié.

Saint Césaire dit adieu à ce peuple bordelais qu'il avait pris en affection, et partit pour sa ville épiscopale. Alaric devait se trouver à Bordeaux, ou bien avait envoyé l'accusateur dans cette ville pour être confronté avec l'innocent : car le décret qui rendait justice à l'exilé condamnait le secrétaire infidèle à périr sous les coups de la populace. On court aux pierres; mais le saint, averti à temps, arrache le traître au supplice, aimant mieux lui guérir l'âme par la pénitence que de la livrer à Satan chargée d'un crime horrible.

L'enthousiasme fut à son comble dans la ville d'Arles, lorsqu'on répandit la nouvelle du retour. Le clergé, les citoyens, tous les fidèles allèrent à la rencontre du pasteur, avec des croix et des cierges ; on le reçut au chant des psaumes et on le reconduisit en triomphe jusqu'à l'église métropolitaine [1].

Concile d'Agde.
(506.)

L'évêque d'Arles ne demeura point inactif ; les derniers événements venaient de faire plier Alaric sous la pression irrésistible de la sainteté : c'était le moment de lui demander son concours, pour la restauration de la discipline religieuse, qui, sous la domination arienne, s'était relâchée d'une manière déplorable. Césaire obtint la convocation d'un Concile catholique. Le Visigoth s'y prêta d'autant mieux qu'il sentait la popularité lui échapper, et toutes les sympathies du Midi se porter vers le seul prince qui osât se dire fils de l'Eglise. Une démonstration catholique pouvait faire oublier les dernières persécutions et la tache d'hérésie qui souillait son trône.

Saint Césaire invita par lettre tous les évêques de

[1] Baronius, *Annales ecclés.*, ann. 507, p. 7, ex Cypriano.

la Narbonnaise, des deux Aquitaines et de la Novempopulanie ; il y eut des invitations en dehors même des provinces gauloises soumises au prince visigoth. Les adhésions arrivèrent de toutes parts. Sophrone, évêque d'Agde, disposa son église de Saint-André pour recevoir dignement les députés du Christ.

A la fin du mois d'août de l'année 506, les évêques étaient réunis[1]. — « Le Concile d'Agde, dit saint
« Césaire dans sa subscription, fut célébré dans le
« royaume des Visigoths, le troisième des ides de
« septembre (11 sep.), sous le consulat de Messala,
« homme consulaire, et la vingt-deuxième année de
« notre seigneur le roi Alaric. »

Saint Césaire, évêque de la métropole d'Arles et primat des Gaules, le promoteur du Concile, en fut aussi le président.

Les métropolitains prirent leur place d'après l'ancienneté de leur ordination.

Cyprien de Bordeaux n'avait pu se faire accompagner que d'un seul suffragant, Chronope de Périgueux.

Clair, métropolitain d'Eause, amena presque toute

---

[1] Baronius, *Annales ecclés.*, ann. 506. — *Dict. des Concil.*, Migne, I, p. 29.

sa province : Nizier d'Auch, Sextile de Bazas, avec Poëme, son archidiacre ; Gratien de Dax, Marcel d'Aire, saint Galactoire de Béarn, qui plus tard remporta la palme du martyre ; Grat d'Oloron, Suave de Comminges, Virgile de Lectoure, saint Lizier de Couserans.

Saint Tétrade de Bourges se trouva seul de la première Aquitaine.

Héraclien de Toulouse vint avec Sabin d'Albi, Béoce de Cahors, Léonce de Gévaudan.

Saint Quintien quitta la terre d'exil et vint représenter Rodez.

La province de Narbonne envoya quatre évêques : le métropolitain Capraire, Sédat de Nîmes, Materne de Lodève et Probace d'Uzès. Sophrone, selon l'usage éminemment chrétien des assemblées ecclésiastiques, s'assit à la dernière place. Puis, les siéges vacants furent remplis par une dizaine de prêtres, envoyés pour représenter ceux que l'âge, les infirmités ou les autres misères de la vie avaient retenus dans leurs diocèses.

Nous ne devons pas oublier Pierre, qui prenait le titre d'évêque du Palais, et que l'on a cru devoir inscrire dans les diptyques de Limoges. Il semble plus naturel de lui conserver son titre traditionnel, qui n'est pas sans analogue dans l'histoire. D'ailleurs, à cette époque, le siége de Limoges était occupé par le pieux Rurice, que nous trouvions naguère à Bordeaux.

Après les prières pour le roi Alaric, qu'on nommait prince très-pieux, tout arien qu'il était, on fit la lecture des anciens canons, et l'on en dressa quarante-sept qui touchaient principalement aux obligations cléricales. Voici quelques-unes de ces dispositions qui nous permettent de sonder un peu la profondeur du mal à cette époque de ruines tant morales que politiques.

« Les prêtres ou diacres bigames conserveront leur
« titre, mais seront interdits de leurs fonctions.

« Les clercs désobéissants, orgueilleux ou négli-
« gents, seront réduits à la communion laïque et
« rayés des matricules.

« Les clercs détenteurs des legs pieux destinés aux
« pauvres seront excommuniés comme meurtriers.

« Les oblations faites à l'évêque appartiennent à
« l'église, et l'évêque ne pourra aliéner ni les mai-
« sons, ni les esclaves, ni les vases de l'église; mais
« il lui est permis d'affranchir les esclaves méritants.

« Les hommes mariés qui entrent dans les ordres
« sacrés vivront désormais dans le célibat, et ne

« pourront garder chez eux que leur mère, leurs
« sœurs, leurs filles ou leurs nièces. L'épouse prend
« le rang de sœur.

« L'âge requis pour le diaconat est vingt-cinq ans,
« pour la prêtrise, trente ans. — On ne donnera le
« voile aux religieuses qu'après quarante ans, quel-
« que éprouvées que soient leurs mœurs.

« L'évêque qui n'a point d'héritiers directs ne peut
« disposer des biens ecclésiastiques. »

D'autres canons concernent le mariage des laïques, la sorcellerie, les augures et la divination; les jours de précepte pour la communion et l'assistance aux offices paroissiaux.

Cyprien souscrivit immédiatement après saint Césaire et avant tous les autres métropolitains. Voici en quels termes il apposa sa signature :

✠ *Cyprianus Episcopus de Burdigala metropoli subscripsi.*

Mais il est un prélat dont saint Césaire regrettait l'absence. D'un caractère ardent et passionné, le primat des Gaules mesurait tous les pontifes aux saintes hardiesses de son zèle, et, quand il s'agissait de la foi, il ne pouvait s'imaginer qu'il y eût en ce monde des obstacles capables d'arrêter un évêque. Rurice n'était point venu. Sitôt que le Concile eut promulgué ses importantes réformes, Césaire écrivit à l'évêque de Limoges, se plaignant, non sans quelque amertume, de ce qu'il appelait un manque de parole. Rurice lui répondit une de ces charmantes lettres qui dissipent les moindres nuages et redoublent l'affection entre deux amis. On nous saura gré de la reproduire, car nous y lisons le nom de Bordeaux.

« *A mon saint et apostolique seigneur;
à mon frère, auquel je dois spécial honneur et amour;
à Césaire, évêque.*
RURICE.

« Notre frère et confrère dans le sacerdoce, Capillut, nous a paru doublement cher cette fois; car, après s'être fait désirer bien longtemps, il nous est enfin revenu, et nous a presque rendu votre présence en nous apportant votre lettre.

« A son retour, il vous portera le juste témoignage de ma reconnaissance pour toutes les charités que Votre Béatitude a eues envers moi. Vous me demandez pourquoi j'ai manqué à notre convention en ne venant pas au synode : j'ai manqué de force et non de bon vouloir.

« Vous pouvez, en effet, vous souvenir de l'affaiblissement que vous avez constaté de vos yeux à Bordeaux, et cela en plein hiver, saison où je souffre le moins. En été, j'ai peine à trouver un endroit assez frais dans ma propre demeure, pour apporter quelque soulagement à mes infirmités continuelles. Comment m'eût-il été possible de supporter les chaleurs du Midi, si je m'étais trouvé parmi vous? J'espère donc que vous prierez plutôt pour moi; et si Dieu nous accorde encore un peu de vie, vous nous ferez connaître vos nouveaux ordres par votre messager, et, au temps que vous aurez fixé, je tâcherai d'aller à vous. Puis, vous le dirai-je? votre lettre de convocation m'était arrivée un peu tard. Ce n'est point que nous réclamions à raison de notre dignité ou de notre âge, mais devions-nous être prévenus plus tard que les autres, nous qui, je vous le dis à l'étourdie, méritions peut-être de passer avant tous? Car, si le titre de leur cité donne à d'autres quelque droit, l'humilité de la nôtre ne devait pas nous l'enlever. « C'est certainement beaucoup mieux, c'est plus digne et plus noble d'avoir des égards pour une cité à cause de son pasteur, que pour le pasteur à cause de la cité. »

Les évêques rentraient à peine dans leurs diocèses qu'une circulaire d'Alaric les convoquait à une assemblée politique dans la ville de Toulouse. Agnan, l'éminent jurisconsulte novempopulanien, venait de terminer la révision du Code Théodosien, qu'il avait mis en harmonie avec les coutumes visigothes.

Rendre le droit romain aux provinces des Gaules, n'était-ce pas leur faire croire que le nom seul des maîtres était changé, mais que l'ancien régime continuait toujours? Ce Code fut promulgué le 3 des nones de février (3 févr.) 507, la vingt-deuxième année d'Alaric II.

C'était trop tard. Les persécutions des années précédentes avaient eu du retentissement dans toute la Gaule. Clovis saisit le moment favorable. Il envoie un député au roi des Goths pour lui signifier d'avoir à le reconnaître pour fils, c'est-à-dire pour héritier. Alaric feignit d'y consentir et se rendit au lieu désigné pour cet acte solennel, accompagné de gens qui portaient des armes sous leurs habits. De là une querelle qui fut soumise au roi d'Italie. Théodoric s'arrangea de manière à l'envenimer davantage : un affront fait aux députés francs rendit la paix impossible. Clovis assemble ses guerriers : « Je vois à con- « tre-cœur, — leur dit-il, — que ces ariens possè- « dent la plus belle partie des Gaules; allons avec

« l'aide de Dieu, et rangeons ce territoire sous notre
« domination. » Il dit, et marche sur Poitiers. Alaric
lui barra le chemin, et le combat s'engagea dans les
plaines de Vouillé. « Selon l'habitude des Goths, dit
Grégoire de Tours, qu'il est permis d'accuser un peu
de partialité, les troupes d'Alaric prirent la fuite,
et le roi vaincu périt sur le champ de bataille de la
main même de son adversaire. Les Goths furent
poursuivis jusqu'aux Pyrénées, et Clovis vint prendre ses quartiers d'hiver à Bordeaux. Pendant ce
temps, Thierri ou Théodoric, son fils aîné, soumettait le Querci, le Rouergue, l'Albigeois et l'Auvergne.
Au retour du printemps, l'armée des Francs se réunit tout entière à Bordeaux; l'on poussa la conquête
jusqu'à Toulouse, où les trésors d'Alaric devinrent la
proie du vainqueur. Angoulême tenait encore; mais le
miracle de Jéricho se renouvela, et toute l'Aquitaine
reconnut pour maître le roi très-chrétien [1]. »

A la conquête de Clovis se rapporterait un fait
d'armes dont il serait bien difficile de prouver l'authenticité, comme l'abbé Baurein l'a parfaitement
démontré, il y a cent ans; mais, quelques écrivains

---

[1] Greg. Tur., *Hist. Franc.*, l. II, c. XXXVII. — Fredeg. *Epitome*, XXV. — Aimon, *De Gest. Franc.*, l. I, c. XXII.

de nos jours en ayant parlé de nouveau sans apporter de nouvelles preuves à l'appui, nous nous croyons obligé de rappeler que le doute existe encore. Il y a dans nos Landes une petite localité nommée *Camparrian,* qu'il ne faut point confondre avec son homonyme *Comprian;* la première est située non loin de Canéjan, et l'autre près de Biganos, sur les bords du bassin d'Arcachon. Voici comment Delurbe, en sa Chronique, rapporte l'origine de ce nom : « Les Visigoths, conduits par Alaric (an 509),
« font défaits près de Poitiers en bataille rangée par
« Clovis, roi de France, et s'étant les fuyards retirés
« sur Bordeaux, ils font vivement pourfuivis par le
« dit Clovis, & en un Village près la dite Ville, lequel,
« à raison de ce, retient pour le jourd'hui le nom de
« Camparrian, font du tout exterminés. Clovis, victorieux, ayant pris Bordeaux & les Villes circon-
« voifines, paffa l'hiver audit Bordeaux. »

L'abbé Baurein [1] rétablit la date de la bataille de Vouillé (507), renvoie la citation de Delurbe aux *Annales espagnoles* de Jean Vaseus, rétablit le texte de cet auteur, dénaturé par Delurbe. Il est dit, en effet, dans la Chronique : « Sur les confins du Borde-

---

[1] Baurein, *Variétés bordeloifes,* t. IV, p. 174 et suiv.

« lais, un parti de Goths qui n'avait pu arriver à
« temps pour le combat, ne craignit pas d'affronter
« le vainqueur, et fut taillé en pièces au lieu dit
« *Champ arien*, Camparrian[1]. » Enfin, la prétendue
prise de Bordeaux pourrait bien être une méprise,
puisque aucun auteur ancien n'en parle. Il est à croire
que les citoyens ouvrirent eux-mêmes les portes de
leur ville et acclamèrent le libérateur de la religion.

Dom Vaissette assure[2], d'après les anciens auteurs,
que la ville de Bordeaux ouvrit les portes.

Faut-il néanmoins nier, d'une façon absolue, le
combat de Camparrian? Nous n'oserions, parce que
peut-être quelque auteur espagnol du sixième siècle,
que nous n'avons pas encore consulté, parle de ce
combat. D'ailleurs, un nom est un monument, et le
mot de *Camp arian* paraît moralement d'origine visigothe, malgré sa forme latine.

Cela nous conduit à rechercher quelles traces la
domination de ces peuples a laissées dans nos contrées. On leur attribue la fondation de quelques lieux
nommé *Aillas*, en souvenir de *Wallia*, attribution
qui nous semble bien aventurée. Lopes voit dans

---

[1] *Rerum Hispan. script.*, p. 546.
[2] *Hist. de Languedoc*, t. I, p. 247.

Villegouge, qu'il écrit *Villegouffe* (villa gofia), une localité gothique : c'est possible. La désignation de *Cagots* donnée aux lépreux, aux crétins et autres misérables que la société du moyen âge tenait à l'écart, paraît un terme injurieux (*caàs de gòts*, chiens de goths, en béarnais) emprunté aux souvenirs de cette époque reculée. C'est tout. D'ailleurs le passage des Sarrasins et des Normands a dû laisser une telle impression d'horreur et de haine, qu'il a confisqué, en les résumant, tous les témoignages locaux des invasions barbares.

Concile d'Orléans.
(511.)

Après la conquête de l'Aquitaine, Clovis donna suite au projet que lui avait suggéré Rémi, et que les embarras politiques n'avaient pas permis de mettre à exécution. Sitôt après son baptême, il avait annoncé la convocation prochaine d'un Concile des Gaules. Mais cette assemblée fut différée jusqu'au 6 des ides de juillet (10 juillet), sous le consulat de Félix et la 511e année de l'Incarnation [1].

---

[1] *Dict. Concil.*, Mig., I, p. 179. — Baronius, *Annales ecclés.*, ann. 507-511. — Lopes, *Hist. de Sainct-André de Bourdeaux*, ch. IV, p. 170.

La présidence appartenant au doyen des métropolitains, ce fut *Cyprien* de Bordeaux qui dirigea les discussions : les autres métropolitains étaient saint Tétrade, évêque de Bourges, qui avait assisté au Concile d'Agde ; Licine de Tours, qui avait imploré, sur les armes de Clovis, la protection de saint Martin ; Léonce, le successeur de Clair sur le siège d'Eause, et dont le nom trahit la parenté avec nos sénateurs de Bordeaux ; saint Godard, qui gouvernait l'église de Rouen.

Vingt-huit autres évêques étaient venus des trois grandes provinces des Gaules soumises aux Francs. Sextile de Bazas, Pierre de Saintes représentaient notre contrée. Plusieurs Pères de ce Concile brillaient, au milieu de ces temps barbares, par leur science, leur zèle et leur sainteté. Saint Loup, de Soissons, appartenait à une race de saints : car son père, saint Principe, qui avait occupé le même siège, était frère de saint Rémi, le grand évêque de Reims. Les yeux se tournaient avec reconnaissance vers saint Mélaine, évêque de Rennes, l'ardent promoteur du Concile qui avait su inspirer au roi des Francs une vénération et une confiance singulières. Saint Quintien, de Rodez, y trouva saint Euphraise, évêque d'Auvergne, auquel il devait succéder deux ans plus tard, tant sa ville épiscopale était à la merci des émeutiers; saint Théodose, successeur de saint Ours sur le siége d'Auxerre, naguère illustré par saint Germain. Les *Annales* de Baronius citent, comme siégeant à ce Concile, un Léonce de Toulouse, qui, à cette époque, s'était fait un nom dans l'épiscopat : il y a là, sans doute, une faute d'impression; car le catalogue de Toulouse donne pour évêque, en 511, saint Germer. Il est à croire que le mot *Tolosanus* aura été mis pour *Elusanus,* et qu'il s'agit de l'évêque d'Eause cité plus haut.

Tout en continuant l'œuvre de la réforme des mœurs, les Pères avaient à prendre des mesures exceptionnelles dictées par les derniers événements. La domination franque venait de se substituer subitement au sceptre visigoth; le catholicisme refoulait en Espagne les erreurs ariennes; mais un grand nombre d'églises qui avaient servi aux hérétiques se trouvaient abandonnées; pouvait-on décemment y célébrer les offices sacrés? Un grand nombre de prêtres, tombés par faiblesse ou par illusion, ou récemment ordonnés par les évêques ariens, se trouvaient désormais sans ressources; fallait-il les exposer à l'indigence, au déshonneur, au mépris? Touchés de pitié pour ces malheureux, les Pères du Concile furent d'avis de recevoir à la communion les ecclésiastiques ariens qui demanderaient à rentrer dans le sein du catholicisme, pourvu toutefois que leur conduite ne méritât point le reproche d'infamie; de plus, ils continueraient d'exercer leurs fonctions, règle qui, depuis, a toujours été observée par l'Eglise, lorsque le caractère sacerdotal du converti ne peut être mis en doute. Quant aux églises visigothes, elles seraient rendues au culte, après avoir été purifiées, selon les rites que l'on observe quand une église catholique a été profanée.

Avant tout, on sanctionna le droit d'asile, depuis longtemps accordé par les lois romaines aux églises et maisons épiscopales. Cette sauvegarde était d'autant plus nécessaire, en ces temps de désordres et de luttes perpétuelles, que, rarement, le vainqueur se montrait accessible à la pitié. On ne comprenait pas la victoire sans l'anéantissement du vaincu.

Voici la signature de l'évêque de Bordeaux, président du Concile :

Sub die VI idus Julias. Felice V. C. Consule.
✠ *Cyprianus in Christi nomine Episcopus Ecclesiæ Burdigalensis metropolis canonum statuta nostrorum subscripsi.*

Je n'ai rien dit du nom ni de la parenté de *Cyprien*. Son nom grec-latin trahit la conversion récente de sa famille par une attribution païenne (dédié à Vénus, déesse de Cypre); cependant il faut éviter une conclusion absolue, car le nom de Cyprien avait déjà été sanctifié par les vertus et le martyre. Un grand évêque de Carthage et un savant asiatique, qui de puissant magicien était devenu l'humble disciple de saint Grégoire de Nazianze, pouvaient être invoqués par les fidèles et proposés comme modèles à leur piété. Le nom de Cyprien avait droit de cité dans l'Eglise du Christ. Notre évêque vit au Concile d'Agde, et peut-être même à Bordeaux, un jeune diacre de même nom que lui, fidèle imitateur de son évêque Césaire, et qui, par ses vertus, devint plus tard la gloire de l'église de Toulon.

Quelques années plus tard, un saint anachorète du nom de Cyprien, édifiait par sa pénitence les rives de la Dordogne, et laissait son nom à la petite ville bâtie sur son tombeau.

Nous ignorons l'époque de la mort de Cyprien. Depuis le premier Concile d'Orléans, nos histoires sacrées se taisent jusqu'au second Concile de cette ville, et nous sommes réduits une seconde fois à l'humble rôle de chroniqueur.

En 514, saint Rémi tint à Reims un Concile où se rendirent des évêques de toutes les provinces des Gaules. Parmi eux se trouvait un évêque arien du Midi, qui fut converti par l'exposition claire et puissante que fit le saint vieillard de la doctrine catholique au sujet de la filiation divine. Hincmar, qui rapporte ce fait, ne donne ni le nom de l'évêque ni celui du siége.

L'année même du Concile d'Orléans mourut Clovis (511)[1]. Sainte Clotilde se retira dans la ville de Tours, et les quatre fils du roi se partagèrent la Gaule et l'Aquitaine; de sorte que chacun d'eux eut deux parts : l'une dans le Nord, l'autre dans le Sud. La possession des villes d'Aquitaine devint une source de querelles sanglantes.

La Novempopulanie (et peut-être Bordeaux) fit partie du royaume d'Orléans, gouverné par Clodomir.

[1] Baronius l'avait rapportée à 516; il a été corrigé par Theiner, qui suit la Chronique de saint Vincent de Metz.

AMEILLE

AMELIUS (Fortunat). — AMELIVS VI. A. (Lopes).

DATES INCONNUES

Probablement ordonné vers   520,
et mort vers............. .... 530.

Peut-être vers.............. 490?
Peut-être vers.............. 545?

L'écart chronologique que nous signalons ici montre combien on est peu fixé sur l'époque de ce pontife. Nous ne recommencerons pas la discussion : la place que nous avons adoptée nous semble mieux en harmonie avec le texte de Fortunat; cependant nous devons prévenir que ce n'est qu'une conjecture à laquelle on ne doit point attacher l'importance rigoureuse d'une date démontrée.

Cette conjecture a pour patrons Le Cointe (année 541), et Luchi dans ses Notes sur Fortunat. Elle a été acceptée par l'auteur du Catalogue des Archevêques de Bordeaux publié dans le *Dictionnaire de Statistique religieuse,* qui inscrit *Amélius,* vers 520, sous le n° 7.

Nous avons traduit en français le nom de cet évêque ; cela nous semble plus logique, premièrement, parce que le mot français *Ameille* rend mieux la prononciation et l'accentuation antique du correspondant latin ; secondement, parce qu'il nous a toujours répugné d'employer dans le même ouvrage deux orthographes différentes. Jusqu'ici nous avons écrit *Amélius,* afin de ne pas égarer le lecteur et de conserver aux textes français que nous citions leur virginale intégrité. Mais, à partir de ce moment, nous n'userons plus que de la forme française. Lopes le nomme *Amélius* ou *Emélius,* empruntant sans doute cette dernière forme à quelque variante du texte de Fortunat.

Par sa naissance ou ses alliances, *Ameille* appartenait à l'illustre famille des Paulins et des Léonces. C'est Fortunat qui nous l'apprend en lui donnant un Léonce pour héritier naturel, et cela, grâce à la filiation d'après la leçon des manuscrits adoptée par Luchi, et à la loi d'après celle qu'a suivie le jésuite

Brower. Si nous cherchons dans les Chroniques de l'époque, nous trouverons le nom d'Ameille ou Amélius si fréquemment répété, qu'il nous sera permis de le regarder comme le nom principal d'une famille gallo-romaine, illustrée par les honneurs politiques et religieux ; néanmoins il nous a été impossible jusqu'ici de saisir le fil généalogique et de retrouver 'es relations de parenté. Les siéges de Paris, d'Auch, de Comminges, de Tarbes, eurent, pendant le sixième siècle, un évêque de même nom.

Si nous nous laissons guider par une induction assez faible, nous compterons parmi les possessions de la famille *Amelia* [1] quelques portions du territoire bordelais, par exemple, Mellac, sur les côtes [2], à l'est de Bordeaux; Amilly, en Saintonge; et, avec moins de doute, Saint-Denis-de-Piles. Il faut en revenir encore à la citation de Fortunat. *Ameille* bâtit sur son domaine une chapelle à l'apôtre de Paris : or, on ne connaît dans l'ancien diocèse de Bordeaux que deux

[1] Quoique le nom *Amélius* soit de forme très-grecque et très-latine, signifiant *soigneux* dans la première langue et *aimable* dans l'autre, on peut néanmoins le considérer comme un équivalent gaulois d'*Æmilius*. — Les Emiles d'Aquitaine étaient parents des Ausones et alliés des Paulins.

[2] *Côtes*, mot qui signifie *coteaux* dans la géographie bordelaise.

localités dont les églises aient saint Denis pour titulaire : Saint-Denis-de-Piles, canton de Guîtres, et Saint-Denis, canton de Branne. Avouons, néanmoins, qu'il aurait pu, dans les temps antiques, subsister quelque autre paroisse de même nom dont on aurait perdu souvenance. M. l'abbé Cirot attribuerait volontiers la fondation de Saint-Denis-de-Piles à l'évêque dont nous parlons. « Fortunat consacre une de
« ses poésies à l'éloge d'une basilique de Saint-Denis,
« commencée par *Amélius* et achevée par saint Léonce.
« Les commentateurs du poète pensent que cette
« église appartenait au territoire bordelais. Comme il
« n'en existe pas d'autre sous ce vocable aussi im-
« portante, on peut supposer qu'il s'agit d'elle. Ce
« serait une glorieuse origine [1]. »

« Avant l'agrandissement qui en fait une croix
« latine, dit Jouannet, l'édifice, monument remar-
« quable d'architecture, formait une croix grecque.
« Ses murs épais sans contre-forts, ses ouvertures à
« plein-cintre, le rond-point du sanctuaire, la sim-
« plicité générale du décor, sa tour quadrilatère au
« centre de l'édifice, sa façade occidentale et sa nef

---

[1] L'abbé Cirot, *Hist. de l'église de Saint-Seurin*, p. 166.

« terminée à l'est par une grande abside entre deux
« autres, lui assignent un rang d'honneur [1]. »

Vieille église romane, peut-être mérovingienne, peut-être et plus probablement refaite à l'époque anglaise, elle associe le culte de saint Fort à celui de saint Denis.

Ce qui nous étonne, c'est que l'auteur auquel nous avons emprunté ces détails, après avoir attribué la fondation de cette église à notre pontife *Ameille*, d'après le texte précité de Fortunat, tire de ce même texte des conclusions qui tendraient à faire supposer que l'église bâtie par *Ameille* et Léonce se trouvait dans l'intérieur de Bordeaux; faut-il ajouter que le texte de Fortunat a reçu quelques légères additions et interprétations qui trahissent une préoccupation de l'auteur, et, contrairement à son amour de la vérité, altèrent le sens? Voici, en effet, ce que nous lisons à la page 290 de l'*Histoire de Saint-Seurin :*
« Ce qui n'est pas moins concluant en faveur de ces
« basiliques de l'intérieur de la cité et de l'antériorité
« de la basilique en dehors des murs, c'est-à-dire de
« Saint-Etienne, c'est le langage de Fortunat au sujet
« d'*Amélius*, évêque de Bordeaux, vers 484, et de son

---

[1] Jouannet, *Statistique de la Gironde.*

« successeur Léonce I : « Comme autrefois les sacrés
« parvis étaient trop éloignés *de la ville*, et le peuple
« découragé par la distance, l'évêque Amélius fonda
« *à l'intérieur* une basilique, mais trop exiguë pour
« le nombre des chrétiens... Le prélat Léonce, en
« établit, *à cause de cela*, une autre qu'il offrit au
« Seigneur, enrichie de ses dons. »

Que le lecteur compare cette traduction avec celle que nous avons donnée plus haut [1], il remarquera facilement que les mots soulignés constituent des nuances capables d'égarer les recherches ; de plus, il y a contradiction entre cette interprétation et celles que l'auteur donnait il n'y a qu'un instant ; enfin le texte de Fortunat ne nous autorise à préférer aucun des deux Léonces.

Le commentateur de Fortunat croit que cette église est située en territoire bordelais, s'appuyant sur ce mot : *héritier de l'œuvre et du domaine*, ce qui lui donne occasion de réfuter Launoy qui, appliquant le passage à la célèbre église Saint-Denis, près Paris, dit que l'*Ameille* dont il est ici question est l'évêque de Paris qui siégeait en 533. Un Léonce de Bordeaux aurait, en effet, pu fort bien concourir à l'embellisse-

[1] Page 45.

ment d'une église de Paris; mais les diptyques parisiens ne font mention d'aucun Léonce à cette époque, tandis que, d'après Fortunat, le Léonce qui reconstruit la basilique de Saint-Denis est l'héritier d'un *Ameille*, aussi bien dans sa dignité, *gradu*, que dans ses possessions. D'ailleurs, ce poème a toujours été classé parmi ceux que Fortunat consacre à la louange de Saint Léonce II; donc, on peut croire qu'il s'agit d'une basilique située dans le Bordelais et des évêques de Bordeaux.

Fortunat nous apprend que cette église fut bâtie pour faciliter aux fidèles l'assistance aux saints offices et leur éviter les fatigues d'une longue marche. Il est bien difficile aujourd'hui de fixer quelles églises rurales subsistaient aux premiers jours de l'époque mérovingienne. Essayons-le toutefois. Depuis Constantin, il est à croire que les grands centres avaient leur sanctuaire; donc Condat, l'ancêtre de Libourne, et Coutras (*Corterate*), deux points stratégiques aux confluents de l'Isle avec la Dordogne, et de la Dronne avec l'Isle, devaient, dès ces temps reculés, offrir déjà leurs hommages à saint Jean.

Coutras est à 8 kilomètres, Condat à 10; on pouvait s'y rendre par la voie romaine, après avoir traversé la rivière. Notre-Dame de Guîtres, à 6 kilomètres, Saint-Pierre-d'Abzac, à 7, existaient peut-être dès lors; Saint-Pierre-de-Périssac, Saint-Pierre-de-Villegouge, si du moins on peut soupçonner leur existence, étaient à 9 kilomètres dans les côtes. Notre-Dame de Queynac eût été un peu moins éloignée. Ces églises, une fois exceptées, il ne se trouve plus dans cette contrée que des églises de fondation relativement récente et peut-être postérieure au pontificat d'*Ameille* : comme Saint-Martin-de-Sablon, Saint-Martin-de-Laye, Saint-Martin-du-Bois, Saint-Ciers-d'Abzac, Saint-Félix de Savignac. Quant à cette dernière, elle n'était point encore fondée, pas plus que celle de Bonzac; car la raison invoquée par Fortunat dit formellement le contraire : ces deux localités étant à peine distantes d'une demi-lieue. L'attribution de Saint-Denis-de-Pile à la grande famille Anicia, semble corroborée par la proximité de Bonzac, dont le nom rappelle le prénom *Pontius* porté dans cette famille, et de Savignac, qui reproduit le nom gallo-romain de *Sabinus*, commun dans la famille matrimoniale d'Ausone. Le patron même donné au bourg de Savignac, saint Félix de Nole, nous fait penser que l'église fut bâtie par un admirateur et sans doute un parent de notre saint Paulin qui fut évêque de la même ville.

Le Saint-Denis du canton de Branne offre beaucoup moins d'inductions en sa faveur : cependant, en l'absence de preuves et de titres, le mieux est de suspendre tout jugement.

Nous lisons dans l'*Histoire de Saint-Seurin*, p. 157 et 158 : « Des fouilles exécutées sur la place Pey-
« Berland, en 1852, emmenèrent la découverte d'une
« église de Saint-Sauveur, qui vient en preuve à la
« nôtre (église souterraine de Saint-Seurin). » Car c'est pour la remplacer que « cette étroite église *fut*
« construite par Amélius et Léontius I, quand le
« trajet jusqu'à Saint-Seurin devint trop dange-
« reux. » — Nous serions heureux de donner notre adhésion absolue à l'opinion du laborieux chanoine; mais pour cela nous demanderions d'autres preuves que le texte de Fortunat. Il nous semble qu'un *peut-être* eût été ici bien placé; puis, nous ne comprenons pas quels dangers seraient venus à surgir tout à coup, de manière à rendre impossible sous les Mérovingiens ce qui aurait été possible sous les persécuteurs.

En 523, Sigismond, roi de Bourgogne, fut fait prisonnier par Clodomir, et mis à mort par ce prince, l'année suivante. Il est honoré comme saint, le 1" mai; en plusieurs provinces, les églises dédiées à son culte portent le nom de Saint-Simond.

La même année, Clotilde, fille de Clovis I, fut mariée au roi des Visigoths d'Espagne, ce qui fut l'occasion d'un traité entre Amalaric et les princes francs; le Goth céda définitivement les provinces autrefois conquises sur son père, et ne se réserva que les bords de la Méditerranée.

En 524, Clodomir fut tué au combat de Veséronce. Son royaume fut administré par ses frères, qui promirent de le garder soigneusement jusqu'à la majorité de leurs neveux. C'est Childebert, roi de Paris, qui s'employa le plus souvent pour la défense des sujets de son frère.

En 526, Childebert et Clotaire massacrèrent les enfants de Clodomir et se partagèrent leur royaume. C'est à Childebert que revint le midi de l'Aquitaine. Le patrice Arcade, plus tard beau-père de Léonce le Jeune, joue un triste rôle dans cette affaire.

S. LÉONCE I

LEONTIUS (Fortunat). — LEONTIVS I.
Le VIII. A. (Lopes).

Sacré (date inconnue) vers............ 529.
Préside le quatrième Concile d'Orléans. 541.
Meurt (date inconnue) vers............ 545.

LEONTIVS Premier du nom,... eſtoit né d'une
« famille fort noble, qui, pour s'eſtre habituée
« à Bourdeaux, ne laiſſoit pas d'eſtre au rang
« des Senateurs de la Ville de Rome, comme l'a mar-
« qué Sidonius, parlant d'un Leontius au Liur. 8.
« de ſes Epiſtres [1]. »

Pleinement d'accord avec le savant historien de
l'église Saint-André, nous avons cherché dans les
auteurs du temps quelques titres de la famille

---

[1] Hierosme Lopes, *Hiſt. des Arch. de Bourdeaux.*

bordelaise des Léonces. Branche de la grande famille Anicia [1], entée sur les Paulins, elle s'accrut de leur opulence, fut toute-puissante en Aquitaine et donna trois de ses plus beaux fleurons à la capitale sacrée des Bituriges Vivisques. Mais le généalogiste désirerait d'autres monuments pour remplir les trop nombreuses lacunes qu'il est obligé de signaler au lecteur.

PONCE LÉONCE, *Pontius Leontius* [2], citoyen de Bordeaux, est qualifié de sénateur et de premier des Aquitains par Sidoine, dans sa lettre à Trigèce de Bazas, qui est la 12ᵉ du VIIIᵉ livre. Dans la lettre précédente (pour l'arrangement, quoique bien postérieure pour la date), est inséré le Message de Thalie, où ce Léonce est dit *fils de Livie* et issu de l'antique sénat. Ce sénat est le sénat de Rome, comme le donne à entendre Fortunat dans l'épitaphe de Léonce le Jeune.

---

[1] *Anicii*, invincibles. Ce nom fut donné sous l'empire à une grande famille, née de l'alliance des noms des plus célèbres de l'ancienne Rome : les Scipions, les Pauls, les Emiles, les Pompées.

Quelques auteurs croient que la branche d'Aquitaine descendait de *Ælius-Sextus-Pompeius*, fils du grand Pompée, lieutenant de César, et fondateur de Pons en Saintonge.

[2] Les noms et prénoms romains *Pontius, Pompeius, Pomponius*, d'origine samnite, signifient *cinquième*, et sont les équivalents du latin *Quinctus, Quinctius, Quinctianus*. — Le nom de *Leontius* est dérivé de *Leo*, lion.

SAINT LÉONCE I.

Livie [1], *Livia*, était fille ou bru de Ponce Paulin, *Pontius Paulinus*, citoyen de Bordeaux, sénateur, fondateur de Bourg, et père (aïeul d'après certains) de *Saint Paulin*. — Je croirais que *Livie* était la sœur de ce dernier, et qu'elle épousa un membre de la famille *Leontia*, dont le nom n'est pas arrivé jusqu'à nous. — On pourrait admettre néanmoins que *Livie* appartenait à la famille *Leontia*, et qu'elle épousa ce frère de Saint Paulin, dont il est question dans une lettre à Saint Delphin.

Quoi qu'il en soit, par le renoncement de Saint Paulin, *Ponce Léonce* se trouva le principal héritier

---

[1] Une pierre funéraire du Musée de Bordeaux (n° 63) nous fait connaître une *Livie* appartenant à la famille consulaire de Sylla, établie dans l'Aquitaine à la suite des conquêtes de César.

<pre>
        NAMMIA . SVL
        LIA . LIVI . LV
        CAVNA . LIVI.
          VINDICIANI
        LIVIVS . LVCAV
        NVS . POSVIT.
</pre>

Cette inscription nous fait connaître trois membres de cette famille :
  Nammia Sullia Livia Lucauna,
  Livius Vindicianus,
  Livius Lucaunus.
Sans prétendre que cette *Livie* soit la mère de Ponce Léonce, nous pouvons y trouver un témoignage en faveur de l'affirmation de Sidoine qui rattache *Livie* à une race de sénateurs.

des immenses domaines de son grand-père. Sidoine lui donne trois résidences : l'une à Bordeaux, une seconde à Langon, *Portus Alengonis*, la troisième à Bourg. On pourrait conjecturer que Lormont *montem lauri*, lui appartenait. Le même auteur fait un grand éloge de son affabilité et de son opulence. Il avait une barque de plaisance sur la Garonne.

Le nom de sa femme n'est point connu. Sidoine en fait le plus bel éloge dans le Poëme sur Bourg :

« La vénérable épouse de Léonce, du grand Léonce,
« heureuse entre toutes les brus qui habitèrent sous le toit
« de Pontius, illustre par les titres de son mari, fera la
« réputation de ce palais, par son adresse à filer la
« quenouille lycienne, à tordre les fils de soie, autour de
« légers roseaux, à tisser dans une trame dorée le métal
« assoupli dont est gonflé son fuseau. »

Nous ignorons si ce mariage donna plusieurs rejetons à la race des Léonces. Au moment où, de Narbonne, Sidoine écrivit son Poëme, *Ponce Léonce*, son ancien camarade d'école, pouvait avoir de trente-deux à trente-cinq ans. Il nous est permis de penser qu'il eut au moins deux enfants.

L'aîné donna le jour à Saint Léonce l'Ancien, dont nous écrivons la vie.

Du second serait issu Saint Léonce le Jeune, dont nous parlerons bientôt.

Ameille, *Amelius*, serait-il fils de Ponce Léonce, et père de l'un de nos deux archevêques ? ou bien aurait-il épousé une fille de *Ponce Léonce* ? Le silence des Chroniques ne nous permet pas de nous prononcer. Il est certain que, par sa naissance ou son mariage, il appartient à la famille des Léonces ; c'est tout ce que nous pouvons affirmer.

A côté des Léonces se rangent les Paulins.

Saint Ponce Mérope Paulin, *Pontius Meropius Paulinus* [1], fils aîné de *Ponce Paulin*, citoyen de Bordeaux, sénateur, consul subrogé à Valens en 378, peut-être préfet d'Epire en 372, préfet de Rome en 380, épousa Therasia, de famille espagnole. De ce mariage naquit un seul fils, qui mourut l'année même de sa naissance. — *Saint Paulin* fut élu évê-

---

[1] *Meropius*, nom donné à l'école, signifie *qui a la voix claire* et fait allusion au bel organe de Paulin. — *Paulinus*, petit, rappelle la famille sénatoriale de Paul-Emile. — *Therasia*, fière, comme *ferox* en latin, est le même nom que *Thérèse*.

que de Nole en Campanie, l'an 409, et mourut en 431 [1].

Paulin de Périgueux, contemporain de saint Paulin, était son parent, peut-être son cousin germain; poëte estimé, il fit jouer chez Ausone la comédie de l'*Extravagant*, avec chœurs en musique qu'il avait composés lui-même [2].

Son fils Paulin de Périgueux, qualifié par Sidoine de *peu inférieur à son parent Léonce*, s'adonna à la poésie chrétienne et se fit un nom par son poème sur saint Martir de Tours. (L'abbé Chaix l'appelle, par erreur, *fils* de Léonce.)

Telle est la parenté étroite et irrécusable de nos Léonces. Le tableau suivant mettra nos conjectures sous les yeux :

---

[1] Delurbe cite l'inscription suivante :

D. M.
IVLIAE . PAVLINAE

Inscription précieuse, puisqu'elle établit une relation de parenté entre la famille d'Ausone et celle de Paulin. *Julia Dryadia*, sœur d'Ausone, épousa *Pomponius Maximus* : de ce mariage naquit une fille qui épousa un neveu de Saint Paulin. *Julia Paulina* serait-elle le fruit de cette dernière union ?

[2] Collombet, *Hist. des Lettres latines au IVe et Ve siècles*, p. 26.

GÉNÉALOGIE DES LÉONCES ET DES PAULINS

FAMILLE SÉNATORIALE

issue des Scipions, des Pauls, des Emiles, des Pompées.

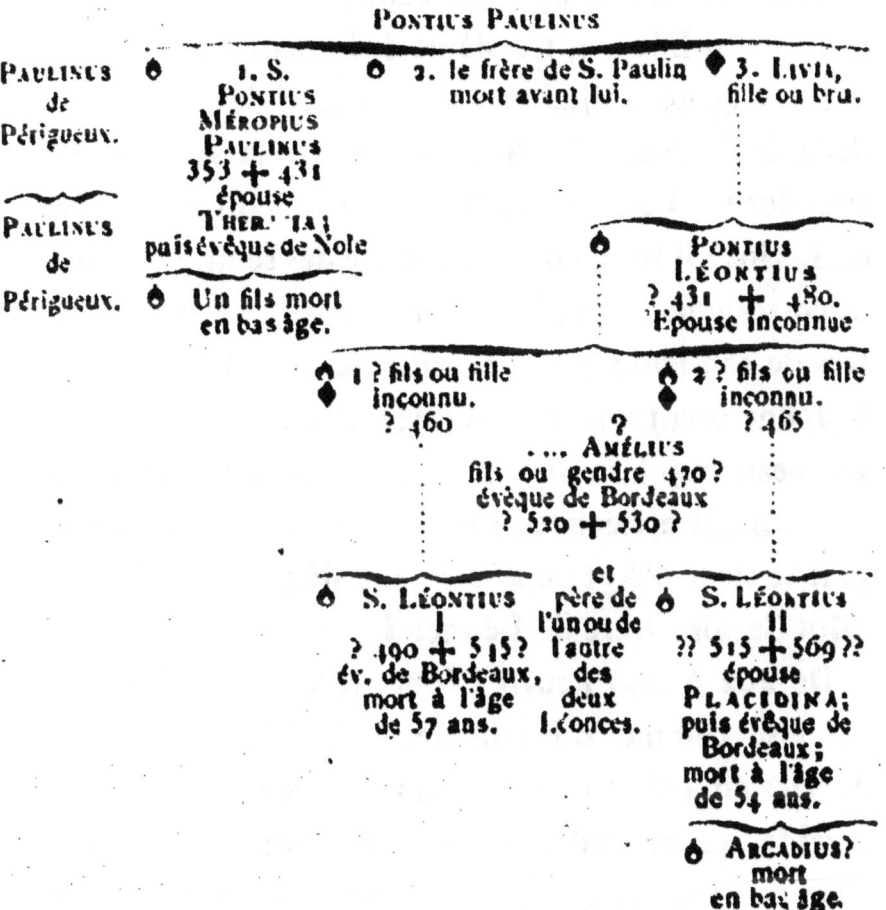

Nous ne pouvons nous dispenser de parler de quelques autres *Léonces* qui vivaient à cette époque en Aquitaine et en Gaule, bien que nous n'ayons pas encore constaté les liens de famille qui les rattachent aux nôtres.

Un Léonce est donné comme premier évêque d'Avranches à une date incertaine; il en est de même d'un autre Léonce, troisième évêque de Sens.

Le siége de Fréjus cite avec orgueil deux Léonces, décorés de l'auréole du savoir et de la sainteté. Le premier fut l'un des fondateurs du célèbre monastère de Lérins; il lutta contre l'hérésie des semi-pélagiens, et correspondit avec les controversistes les plus illustres de son temps; il mourut vers 432. Saint Léonce le Jeune occupa le même siége à la fin du siècle, et eut beaucoup à souffrir pendant la persécution d'Euric. Un autre Léonce, sans doute leur parent, occupait le siége d'Apt de 463 à 474, siége où s'était assis saint Castor, frère de Léonce I.

De 462 à 490 fleurit Léonce d'Arles, que Sidoine propose comme un modèle. Il présida le Concile d'Arles en 475, où fut condamné et converti le prêtre Lucide, qui répandait diverses erreurs sur la prédestination et sur la grâce. Le principal champion de la cause catholique était Faust de Riez.

Sur le siége de Besançon, sanctifié par un Paulin en 310, siégea un Léonce, de 418 à 443.

Un saint Léonce édifiait Autun en 430.

A Langres, un Paulin était évêque vers la même époque.

Trèves fut gouvernée par un saint Paulin de 349 à 358, et par un saint Léonce vers 466.

Béziers était en 418 sous la houlette d'un Paulin, qui pourrait bien être de la famille de Bordeaux dont les possessions s'étendaient jusqu'en Narbonnaise.

Le Léontien de Lodève, en 610, pourrait descendre de la même souche.

Le sixième siècle nous montre Léonce de Lyon (542 ✝ 544), — Léonce d'Orléans (533), — Léontien de Coutances (511).

En Novempopulanie, la métropole d'Eause avait été gouvernée par Léonce, qui siégeait avec notre Cyprien au Concile d'Orléans (511).

Ameille de Comminges (549), Ameille d'Auch (avant 553) seront contemporains de notre Saint Léonce II.

Ameille de Tarbes (580 ✝ 585), Paulin d'Auch (après 583) continueront cette race sacerdotale qui, au siècle suivant (625), fleurira sur le siége de Saintes avec saint Léonce, l'hôte de saint Malo, évêque d'Aleth, qui, contraint de fuir la vengeance de quelques hommes puissants, finit ses jours auprès du compatissant évêque de la cité santone.

L'on dira peut-être que de la similitude des noms nous n'avons pas le droit de conclure que tous ces Léonces aient été parents. Non, sans doute. Mais nous savons deux choses : la première, c'est que la famille Anicia était très-nombreuse et très-disséminée ; la seconde, que les noms de famille chez les Gallo-Romains étaient soumis à certaines lois d'alternance qui nous permettent de soupçonner la parenté primitive ou dérivée de plusieurs familles quand les mêmes noms y sont en honneur. Notre affirmation ne va pas au delà ; peut-être, après de nouvelles recherches, oserons-nous davantage.

Nous donnons 529 comme date probable du sacre de *Saint Léonce I*. Hierosme Lopes se tait ; le *Calendrier ecclésiastique de Bordeaux* trompe l'œil en inscrivant vis-à-vis du nom de cet évêque la date fixe du quatrième Concile d'Orléans (541) ; le *Dictionnaire de Statistique religieuse* répète la même inadvertance. Mais puisque Saint Léonce I fut président du quatrième Concile d'Orléans, nous devons en conclure, à moins de texte contraire, qu'il était le doyen des métropolitains présents. Or, parmi ceux-là, Injuriose était monté en 529 sur le siége de Tours; donc, l'épiscopat de notre Saint Léonce doit au moins dater de la même année.

Nous ne recommencerons pas la discussion contre l'opinion qui avancerait son épiscopat jusqu'au siècle précédent; ce que nous avons dit doit suffire.

Nous sommes réduits au silence sur les douze premières années de son gouvernement pastoral. Doué de toutes les vertus du chrétien et chéri du peuple, il a dû sans doute, dès les premiers jours, mériter les magnifiques éloges que Fortunat lui prodigue dans l'épitaphe qu'on lira dans un instant.

En 531, Childebert, guerroyant en Auvergne, reçut de sa sœur Clotilde le triste message qui le détermina à punir l'infâme conduite de son beau-frère Amalaric, roi d'Espagne.

Nous aurons l'occasion de raconter cette guerre où le jeune Léonce, parent de notre archevêque, fit ses premières armes.

Quatrième Concile d'Orléans.
(541.)

L'an 541, les évêques des quatre provinces Lyonnaises, des deux Viennoises, des Alpes Grecques et Maritimes, des Aquitaines, de la Novempopulanie et des Séquaniens, c'est-à-dire de toutes les provinces des Gaules, excepté des deux Germaniques et des deux Belgiques, s'assemblèrent à Orléans, au nombre de trente-huit, auxquels se joignirent onze prêtres, députés d'évêques absents, et l'abbé Amphiloque, député d'Ameille, évêque de Paris [1].

« Ce fut l'Ancien *Leontius* qui prefida à ce Concile « affemblé foubs le pape Vigilius et foubs le roi « Childebert [2]. » Lopes, en contradiction avec tous les historiens, ne compte que vingt-trois évêques ; ce doit être une faute d'attention.

Saint Léonce l'Ancien déclare avoir à ses côtés tous ses comprovinciaux ; c'étaient : Lupicin d'Angoulême, Eusèbe de Saintes, Daniel de Poitiers, Sabaude de Périgueux, et peut-être Bébien d'Agen ; le catalogue des évêques d'Agen ne le cite qu'en 549 : la chaîne

---

[1] *Dict. Concil.*, t. II, p. 189.
[2] Lopes, *Hift. des Arch. de Bourdeaux.*

sacrée aurait été interrompue depuis cent cinquante ans.

La Novempopulanie était représentée par saint Aspais, métropolitain d'Eause, Cartier de Dax et Julien de Tarbes.

Flavius, métropolitain de Rouen, était accompagné de Perpétue d'Avranches.

Le métropolitain de Tours, Injuriose, était entouré de suffragants dont la sainteté rayonnait sur toute la Gaule. Tels étaient saint Aubin d'Angers, le grand défenseur des droits de Dieu, de l'Eglise et des opprimés; saint Innocent du Mans, qui développa dans les vastes forêts du Maine la vie cénobitique et mourut l'année suivante, après un épiscopat de quarante ans.

Ethère de Chartres, saint Vincent de Troyes, Rustique de Nevers représentaient la province de Sens; et Marc, évêque d'Orléans, heureux de la gloire qu'une si belle assemblée donnait pour la quatrième fois à sa cathédrale, prit la dernière place.

Le Concile avait été convoqué pour régler avant tout une importante question liturgique, l'époque de la Pâque. Dans ces temps d'anarchie et de troubles européens, chaque pays s'était fait un calendrier à part ou bien interprétait à sa façon les calendriers grecs et romains.

En conséquence, le premier canon fut ainsi conçu :

« La fête de Pâques sera célébrée selon la table et
« le cycle de Victorius, dans toutes nos églises. Cha-
« que évêque l'annoncera tous les ans au peuple
« dans l'église, le jour de l'Epiphanie. S'il se ren-
« contre quelque difficulté sur le jour, les métropoli-
« tains consulteront le Siége apostolique, et l'on s'en
« tiendra à la réponse de ce dernier. »

Or, le cycle de Victorius se trouvant entaché d'une erreur assez grave, les disputes recommencèrent lorsque, plus tard, on apprit que les églises d'Italie et d'Espagne n'avaient pas célébré la Pâque le même jour que les Gaules. Saint Grégoire de Tours se montre sans cesse préoccupé de cette observance et soutient une vive polémique contre ses voisins.

Le cinquième canon est important pour cette histoire, car, en 563, Léonce le Jeune l'invoquera contre l'intervention royale dans les nominations ecclésiastiques.

« L'évêque doit être sacré dans l'église pour la-
« quelle il a été élu. Si cela ne se peut, il faut du
« moins qu'il le soit dans sa province par ses com-

« provinciaux, en présence ou par l'autorité du mé-
« tropolitain. »

Les autres concernent l'observance du Carême et des jours fériés, le respect pour les choses saintes, les rapports entre clercs et laïques, les réformes morales du clergé, les donations et tutelles, les empêchements au mariage.

Le trente-troisième nous apprend que déjà des chrétiens, possesseurs des biens de la fortune, établissaient des églises et des paroisses sur leurs terres. On pourrait donc rapporter à l'époque mérovingienne le développement du régime paroissial. Deux choses sont exigées avant toutes, un revenu suffisant et un service régulier.

Voici la signature du métropolitain de Bordeaux :

† *Leontius in Christi nomine Episcopus Ecclesiæ Burdigalensis consensi cum universis cumprovincialibus meis.*

En comparant les canons du quatrième Concile d'Orléans avec l'épitaphe du Saint, nous remarquons une grande concordance, et nous avons la preuve que les éloges de Fortunat étaient, non des formules banales, mais l'expression de la reconnaissance publique.

« Toute condition a perdu son défenseur, » nous

dit le prêtre de Poitiers. Léonce prit, en effet, sous sa paternelle protection, tout ce qui souffre.

Protecteur des clercs, il réclame pour eux les immunités du droit ecclésiastique : « Qu'aucun laïque n'ait « la hardiesse d'emprisonner, d'interroger ou de con- « damner un clerc sans la permission de l'évêque ou « du supérieur. » Il demande qu'on ne leur impose point de charges publiques, incompatibles avec le service de l'autel.

Protecteur des vierges, il défend, « sous peine « d'excommunication, » d'employer l'autorité des puissances pour avoir des filles en mariage contre la volonté de leurs parents.

Protecteur des vaincus, des faibles, des captifs et des opprimés, il réclame en faveur de tous les malheureux ce droit d'asile que l'on voulait arracher à l'Église chrétienne : « Celui qui, de force ou par « fraude, retire de l'église une personne qui s'y était « réfugiée, doit en être chassé lui-même, jusqu'à ce « qu'il ait fait pénitence et ramené sa victime dans « l'asile. — Les chrétiens, esclaves des Juifs, qui se « réfugieront dans l'église, seront rachetés. »

Protecteur des esclaves, il demande que l'on travaille à leur rachat, et défend aux serfs des églises de se faire des captifs à main armée; il interdit aux

Juifs d'épouser des esclaves chrétiennes, et d'exercer envers leurs serviteurs tout mauvais traitement pour les faire renoncer à la foi.

Protecteur des maîtres, il n'admet pas que les esclaves se réfugient dans les églises pour se marier sans le consentement de leurs maîtres, ni que les enfants des affranchis se dispensent des charges imposées à leurs pères comme condition de leur liberté.

Aussi le poète pouvait-il s'écrier :

« En lui le pauvre trouve assistance, le captif une ran-
« çon, et tout ce que le nécessiteux lui enlève, il le considère
« comme un vrai trésor pour lui-même. »

Lorsqu'il sentit la mort approcher, il voulut se présenter au Créateur, libre de toutes les attaches de la terre; et pour continuer d'être le père des pauvres, de la veuve et de l'orphelin, il institua héritière son église de Bordeaux, ne laissant rien à ses parents que leur opulence avait fait les plus grands seigneurs de l'Aquitaine.

Quelques auteurs donnent 542 comme date de sa mort : cette opinion n'étant appuyée sur aucun texte, nous n'avons point adopté d'époque précise.

On ignore en quel lieu reposèrent ses saintes reliques. Peut-être demanda-t-il à dormir sous les dalles de l'antique église de Saint-Fort, à côté de Delphin, d'Amand et de Seurin, ses prédécesseurs dans l'épiscopat; M. le chanoine Cirot de la Ville le désirerait beaucoup pour la gloire d'une église qu'il aime tant. Peut-être encore fut-il porté dans le sépulcre des Paulins et des Léonces, dans une de ces villas somptueuses qui parsemaient les bords de la Dordogne et de la Garonne. La tradition, troublée par les désolations qu'a subies notre belle Aquitaine, n'a pas su nous dire en quel lieu nos pères honorèrent ce vénéré pontife. Nulle église ne subsiste dédiée à son culte; le diocèse de Bordeaux, qui, d'après les historiens, célébra jadis sa fête le 21 août (12 des kal. de sept.), a depuis longtemps cessé. « Cela nous est inconnu, « dit Hierofme Lopes, & fon nom ne fe trouve point « dans nos Breuiaires nouueaux ni anciens. Il eft « neanmoins conftant qu'il fut orné de toutes les « vertus qu'on pourrait souhaiter à un Euefque. »

Puisse l'Archidiocèse de Bordeaux répondre aux vœux que nos écrivains sacrés lui adressent chaque fois qu'ils traitent nos questions liturgiques, et demander à Rome l'autorifation de rétablir le culte public de ce saint pontife, l'honneur des Léonces, qui fut, d'après Fortunat, la plus noble figure épiscopale de son temps.

Voici l'épitaphe que composa l'illustre voyageur à la demande de Théodose, qui, sans doute, était un Léonce, peut-être frère ou parent de Léonce I, et que j'oserais presque soupçonner être Léonce II lui-même.

Epitaphe de Léonce l'Ancien, évêque de la cité de Bordeaux[1].

Le sort cruel de sa dent avide s'est hâté de dévorer pour toujours le pasteur qui fut la sauvegarde du troupeau.

Dans ce tombeau reposent les restes vénérables de Léonce, la gloire du pontificat.

Le peuple tout entier le réclame; les gémissements sont unanimes; les enfants, les jeunes gens, les vieillards, tous pleurent; car chaque âge a perdu son défenseur, et témoigne, par ses larmes, combien on le vénérait. Personne ne saurait, d'un œil sec, rappeler le souvenir de ses funérailles; aussi vit-il encore pieusement dans l'amour du peuple.

Noble, ne le cédant à personne sous le rapport de la famille, par l'excellence de ses mœurs il conquit le premier rang; nouveau triomphe de la piété! il voulait se faire plus petit que tous, et par là se surpassait lui-même par ses rares mérites.

Tant qu'il vécut, la discorde fit place à la paix; car, chas-

[1] Fortunat, *Miscell.*, l. IV, c. ix.

sant au loin les colères, il unissait tous les cœurs dans les liens de l'amour.

Il consacra tous ses domaines à l'Eglise, donnant au Christ ce qui avait été sien.

Secours du pauvre, rédemption du captif, il considérait comme sérieusement acquis ce qu'il déposait entre les mains de l'indigent. Ainsi toute sa fortune terrestre prit le chemin du Paradis, et il vécut plus pour Dieu que pour lui-même.

Dans les embrassements de son cœur et de sa poitrine, il n'excluait pas une âme de son peuple; ce peuple, disait-il, a fait de moi un père par un mystique enfantement. Oh! qu'il faisait doux l'entendre, lorsque, d'une voix calme, il parlait à ses concitoyens, on aurait cru qu'il parlait à ses propres membres.

L'esprit ouvert, aux aguets, il veillait sur le trésor dogmatique du Christ, et par ses soins il développa la science des choses sacrées.

Ses nombreux bienfaits allaient au loin lui faire des amis, et le faisaient connaître en des régions qu'il ne vit jamais.

Cher aux princes, aimé jusqu'à l'enthousiasme par sa ville épiscopale, il s'empressait de se faire l'esclave et le père de tous.

Il vécut dix lustres et sept ans. Qu'il fut cruel le jour qui le ravit trop tôt à la terre!

Mais qui pourrait tout chanter? il avait toutes les vertus! et, dans son tombeau, il dort accompagné des vœux de tout son peuple.

Voilà le petit poëme que, dans son amour, t'offre ton Théodose; tu aurais mérité les vers les plus exquis.

S. LÉONCE II

LE JEUNE

XIIIe ARCHEVÊQUE

LEONTIUS Sequens (Fortunat). — Junior (Auctores).
LEONTIVS II, Le IX. A. (Lopes).

Né..	vers 515 ?
Prend part à l'expédition d'Espagne, âgé de 16 à 18 ans, peut-être 20...............................	en 531.
Elu et sacré, âgé de 30 à 32 ans...................	vers 545.
Assiste par député au Ve Concile d'Orléans.....	549.
Assiste en personne au IIe de Paris..............	551.
Et au IIIe, de la même ville.......................	557.
Tient le Concile de Saintes........................	562.
Reçoit la visite de Fortunat.......................	567 + 568.
Meurt vers, âgé de 54 ans..........................	570 ?

LEONTIVS Second du nom fut fuccesseur du
« premier. Fortunat le donne à connoître,
« appelant le premier au tiltre de fon Epita-
« phe, *anterior Epifcopus*, et le fecond au tiltre du
« fien..., *fequens Epifcopus*[1]... »

[1] Hier. Lopes, *Hift. de l'églife Saint-André de Bourd.*, ch. IV, p. 175.

Telle nous paraît être la véritable succession de nos pontifes : cependant il ne faut pas oublier que la place d'Ameille n'est pas rigoureusement déterminée : il pourrait donc se faire qu'il eût siégé vers 545 ; mais cette opinion n'est que fort peu probable.

Nous connaissons déjà l'illustre famille des Léonces. Fortunat emprunte à la poésie tout ce qu'elle a de plus brillant pour exprimer l'excellence de nos premiers seigneurs bordelais.

« Parmi les hommes auxquels donna le jour la radieuse Aquitaine, tu tiens le premier rang... tu l'emportes par ta noblesse et ta puissance ; quelle n'est pas ta gloire si l'on compte tes aïeux ! Ta race, tes ancêtres, en remontant jusqu'aux temps les plus reculés, ton origine enfin, tout te range parmi les grands de la terre [1]... »

Ailleurs, il répète encore :

« L'origine de sa noblesse et de son grand nom, il faut la chercher dans cette race forte des sénateurs de Rome ; le sang distingué des Pères coule dans ses veines... »

Si *Léonce le Jeune* n'est pas fils d'Ameille, nous ne connaissons ni son père ni sa mère. Le Cointe donne 513 comme l'année de sa naissance ; mais cette date paraît un peu trop ancienne ; d'un autre côté,

---

[1] Fortunat, *Miscell.*, l. I, c. xv.

il est impossible de le faire naître après 519, et 517 même offre des difficultés ; car, dans le premier cas, il n'aurait eu que douze ans, et, dans le second, quatorze lorsqu'il fit ses premières armées sous Childebert dans la première expédition d'Espagne en 531. Voilà pourquoi nous avons inscrit comme date de naissance 515, avec le point de doute (?), ce qui lui donne seize ans en 531.

De cette façon, nous ne sommes pas obligés d'inscrire sa mort en 567, l'année même où Fortunat commença ses voyages en Aquitaine ; le futur évêque de Poitiers dut voir Saint Léonce à plusieurs reprises, comme on peut le penser d'après la Lettre à Placidine : il vaut mieux, par conséquent, reculer de quelques années la date incertaine de la mort de notre saint évêque et donner l'année 515 comme date probable de sa naissance.

Où naquit-il ? Le Bréviaire actuel de Bordeaux et le *Dictionnaire d'Hagiographie* disent que ce fut à Saintes. La famille Pontia avait certainement des alliances et des possessions sur les bords de la Charente, habités par ces Nammaces auxquels écrivaient Sidoine et Rurice [1] ; et cependant l'on peut se deman-

---

[1] On peut classer parmi les possessions des Léonces et des

der si l'assertion du Bréviaire de Bordeaux est bien légitime : « *Apud Santonas natus est, circà annum* « *quingentesimum decimum.* » Nous le désirerions, parce qu'il est toujours pénible de dire à un auteur, et surtout à un auteur sacré : Vous vous trompez. Or, si cette assertion ne repose que sur le 15e poème du Ier livre de Fortunat, nous avons tout lieu de craindre une méprise. Le poète s'écrie bien : « Ce « n'est pas seulement ici, mais partout que resplen- « dissent tes sanctuaires; les Santons, entre tous, « vantent ceux qui sont chez eux. » Suivent huit vers qui réellement font suite à la même idée, puis viennent, en forme de conclusion, ces deux mots : « *Or-* « *nasti patriam.* » Donc, la capitale des Santons est la patrie de Léonce. Cette illusion poétique est toute naturelle; mais en lisant toute la phrase, on s'aperçoit que le passage entier a été pris à contre-sens; car

---

Paulins en Saintonge : Pons, rappelant le prénom *Pontius*; Avy (canton de Pons), *Avitus*; Plassac (S. Genis), *Placidus*; Amilly (Surgères), *Amelius*; Annezay (Tonnay-Boutonne), *Anicius*; Suiré (Mazans), *Severus*; Prignac (Matha) comme Preignac sur la Garonne, le *Premiacus* de Fortunat; Lonzac (Arthenac) et Lozay (Loulay) et Louzac (Cognac), *Leontius*; Polignac et Pouillac (Montlieu), *Paulinus, Paulus*; Floirac (Cozes), *Florus*; Gréza: (Cozes), *Gratianus*. — Cravans (Gemozac), Bran (Montendre), les Nouillers (Angély), ont été aussi comptés parmi les villas des Paulins.

le poëte dit formellement : « Tu as orné ta patrie, « en lui prodiguant ces présents éternels. Et toi aussi « tu mérites que l'on t'appelle : Ornement de Bordeaux. » Ce brusque changement d'idée oblige le commentateur à relire tout le passage, et le premier vers lui montre un petit mot qui d'abord avait échappé : — « Ce n'est pas seulement *ici*... » C'est à Bordeaux que le poëte écrivit la *Louange de Léonce*, c'est à Bordeaux qu'il fait allusion, et c'est Bordeaux qui est désigné par le mot *patriam*. Donc, Fortunat autorise la métropole de l'Aquitaine à revendiquer la naissance de Léonce II.

Bordeaux pourrait aussi réclamer au moyen de deux mots qui se lisent dans l'épitaphe du même Léonce. Nous les soulignons.

« Regum summus amor, *Patriæ caput*, arma parentum,
　Tutor amicorum, plebis et urbis honor. »

Tête ou chef de la patrie ou de sa patrie.

Or de quelle patrie Léonce a-t-il été le chef? De la Gaule? Non. De toute l'Aquitaine? Non. De la seconde Aquitaine? Oui. Mais alors Saintes n'a pas plus de droit que la métropole à réclamer uniquement pour elle l'honneur d'avoir donné le jour à Léonce? Bien plus, Léonce, comme comte et chef militaire, n'a point eu d'autorité sur les Santons, mais il en a eu sur les Bordelais qu'il conduisit à l'expédition d'Espagne. Comme évêque, c'est de Bordeaux qu'il fut la tête et le chef. Donc, toutes choses égales d'ailleurs, Bordeaux a plus de preuves en sa faveur. Néanmoins, avec si peu de documents, nous ne regardons point la chose comme jugée. Il y a deux cents ans, Lopes avait tout dit avec cette simplicité sévère qui convient aux pages de l'Histoire : « Leon-« tius eſtoit natif d'Aquitaine, fils d'un Senateur « Romain de la Noble famille des Léonces, comme « ſon predeceſſeur. »

Léonce le Jeune fait ses premières armes et prend part à l'expédition d'Espagne.
(531.)

Léonce devait avoir seize ans lorsqu'il porta les armes, sous le roi Childebert, contre Amalaric, roi d'Espagne, l'an 531.

En 523 [1], Amalaric, fils d'Alaric, avait consolidé son pouvoir sur la partie du royaume paternel qui n'avait pas été envahie par les Francs; il envoya

---

[1] Aimon, *Hist. Franc.*, l. II, ch. VIII, p. 608. — Greg. Tur., *Hist. Franc.*, l. III, c. IX, p. 249.

des ambassadeurs à Childebert et à Clotaire pour les prier de faire alliance avec lui et de lui accorder la main de Clotilde leur sœur. Ces rois n'ayant point de raison pour refuser, lui envoyèrent la princesse avec un cortége digne de leur magnificence. Mais lui, barbare de race et de mœurs, ne conserva pas longtemps l'amour de sa femme, et, loin de la chérir comme sa reine, il se mit à l'humilier par des outrages qu'on ne se permet pas envers une esclave achetée à vil prix. Gâté par cette infâme perfidie de l'arianisme qui avait perdu son père, il commença d'abord par mépriser, puis en vint jusqu'à tourmenter son épouse catholique, et, quand il la voyait se rendre à l'église de sa croyance, il donnait secrètement des ordres pour que l'on répandît sur sa route et jusque sur elle les matières les plus dégoûtantes. Les mauvais traitements allèrent si loin, que la fille de Clovis envoya à ses frères un mouchoir teint de son propre sang; pour échapper à tant d'opprobres qui mettaient sa foi en péril, elle écrivit, en mouillant le papier de ses larmes : « Pitié, pitié, frè-
« res chéris, mes malheurs appellent votre colère! » Un serviteur fidèle prit la lettre et le mouchoir, et courut en France. A ce moment, Childebert se trouvait sur les frontières visigothes, en Auvergne; le

serviteur lui remet le message, en lui racontant tout ce qu'a subi Clotilde. Le roi, furieux, convoque ses frères et ses leudes, et, sans les attendre, part avec les troupes qu'il a sous sa main. Léonce, avec ses Bordelais, se trouvait au camp. Le jeune patricien entrait à peine dans l'adolescence[1], mais déjà se faisait remarquer par son sérieux et son sang-froid; il partit donc pour les terres espagnoles, afin de conquérir le laurier militaire et d'ajouter un nouveau titre à sa noblesse. En homme qui entend la guerre, le roi Childebert se jette à l'improviste sur la Narbonnaise et disperse les premières bandes des Goths qui cherchent à retarder sa marche. Amalaric réunit à la hâte les troupes de terre et de mer qui gardent sa capitale septimanienne; on se bat dans une vaste plaine qui donne à la cavalerie franque une immense avantage. Épouvantés par le hennissement des chevaux et les coups précipités des cavaliers, les Goths se débandent, se dispersent, et courent vers la flotte.

Mais les Francs leur ont déjà coupé le chemin et les rejettent dans la campagne. Amalaric essayait de gagner un vaisseau, quand soudain il se rappelle ses trésors et la quantité de pierres précieuses qu'il

---

[1] Fortunat., *Miscell.*, l. I, c. xv.

abandonne. Il croit avoir le temps de retourner jusqu'à la ville ; mais l'armée de Childebert s'empare du port. Voyant qu'il est impossible de fuir, il cherche un refuge dans cette église catholique à laquelle il avait voué tant de haine. C'est trop tard ! Au moment de franchir le seuil, une lance le frappe d'un coup mortel, et il expire après avoir reculé de quelques pas. Childebert, témoin de cette mort, poursuivit les Goths jusqu'à Tolède, et ramena sa sœur avec d'immenses richesses. Mais la princesse, exténuée par les mauvais traitements, mourut avant de revoir la terre de France. Son corps fut rapporté à Paris et enseveli à côté de Clovis. Parmi les trésors que Childebert avait enlevés aux hérétiques, se trouvèrent de très-précieux ornements d'église : soixante calices, quinze patènes, vingt châsses d'évangiles, tout d'or pur émaillé de pierres fines.

Ce prince religieux ne consentit point que l'on confondît ce butin sacré avec les objets profanes, et, pour le sauver de la destruction, il le distribua aux églises.

On s'est demandé si le fait d'armes où périt Amalaric s'était passé en Espagne, ou dans la Gaule visigothe, à Barcelone ou à Narbonne. Comme cette discussion ne se rattache point à notre histoire locale, nous aimons mieux la laisser aux auteurs spéciaux.

C'est en Auvergne que se trouvait Childebert lorsqu'on lui remit le message de sa sœur. Nous allons revenir sur les événements qui l'y avaient amené, et qui durent faire une profonde impression sur l'âme de Léonce. Dans le partage des provinces de la Gaule entre les fils de Clovis, l'Auvergne entra dans le lot de Thierry, roi de Reims; cette province était séparée de ses possessions orientales et enclavée entre le royaume bourguignon à l'Est et les possessions aquitaines de Childebert à l'Ouest. Celui-ci convoitait les plaines fertiles de la Limagne, et tramait avec le patrice Arcade tout un plan de trahisons qui devaient dépouiller Thierry sans que la vengeance fût possible. La révolte de la Thuringe servit admirablement bien leur dessein. Soudain le bruit se répandit que le roi de Reims avait été tué dans cette expédition : c'était le moment d'agir. Arcade, l'indigne petit-fils de Sidoine Apollinaire et de l'empereur Avite, l'un des sénateurs arvernes, se chargea de vendre sa patrie. « Venez, » fit-il dire à Childebert; le roi ne se fit pas attendre; mais, à mesure qu'il s'avançait dans l'intérieur du pays, le brouillard devint si intense, qu'il fut bientôt impossible de distinguer à quelques pas. — « Je voudrais bien, — répétait le roi, — voir de « mes yeux Auvergne (Clermont) et cette Limagne que

« l'on dit si délicieuse. » Mais Dieu ne le permit pas. La trahison avait été éventée. L'on arriva devant les portes fermées : pas la moindre poterne ne fut tenue ouverte par les affidés. Alors Arcade commande de briser les serrures d'une porte, et fait entrer le roi. Au même instant on annonce le retour de Thierry, victorieux et plein de vie. Childebert quitte l'Auvergne sans bruit.

C'est à ce moment que Grégoire de Tours place l'expédition d'Espagne. Les commentateurs ont eu de la peine à débrouiller la chronologie de ces événements multipliés, mal décrits, mal classés et simultanés sans doute. Notre dessein n'est pas d'entrer dans une discussion qui nous éloignerait de notre sujet.

Revenons-y brusquement. Léonce, soldat de Childebert, connut Arcade; les relations de famille se renouèrent. Que d'événements, que de catatrophes s'étaient succédé depuis que Sidoine et Léonce, fils de Livie, s'étaient salués à Bordeaux pour la dernière fois! Qu'elle était déchue cette race impériale des sénateurs arvernes! Ce n'était plus un préfet des Gaules, ce n'était plus un empereur, ce n'était plus un évêque, ce n'était pas même un héros n'ayant d'autre titre que son courage, c'était un lâche, un traître, un assassin, qui représentait les races glorieuses des Apollinaires et des Philagres. Selon l'expression énergique d'un écrivain de nos jours, la fierté du patriciat avait glissé dans le sang.

Léonce déplora tant de bassesse, d'autant plus qu'il voyait là trois femmes innocentes, offrant à Dieu leurs souffrances en expiation des crimes de leur race. Alcime, fille de Sidoine et sœur d'Apollinaire, avait conservé la virginité. Ange tutélaire de la maison, elle n'avait pas un seul instant quitté sa belle-sœur Placidine [1]. Inséparables dans la prospérité, inséparables dans le malheur, toutes les joies, toutes les peines leur sont communes. Elles élèvent les enfants d'Apollinaire, prodiguent leurs richesses aux pauvres et aux souffrants, bâtissent des églises aux patrons de l'Auvergne et des Gaules..... Leurs fautes, s'il est permis de donner ce nom à quelques tendances d'orgueil et d'ambition bien naturelles à d'opulentes patriciennes, leurs fautes sont les mêmes. Aux jours où saint Quintien fut chassé de Rodez, raconte Grégoire de Tours [2], Eufraise, douzième évê-

---

[1] L'abbé Chaix écrit *Placidime*.
[2] Greg. Tur., *Hist. Franc.*, l. III, c. III, p. 243.

que d'Auvergne, vint à mourir, et tout le monde réclama saint Quintien pour évêque. Mais Alcime et Placidine, l'une sœur, l'une épouse d'Apollinaire, se rendent auprès de l'exilé et lui tiennent ce langage : « Vénérable maître, qu'il suffise à votre grand
« âge d'avoir reçu l'onction épiscopale, et que votre
« piété permette à notre Apollinaire d'être choisi
« pour l'évêque de cette ville. Il ne demande cet hon-
« neur que pour se mettre aux ordres de votre bon
« plaisir ; vous n'aurez qu'à commander, il donnera
« l'exemple de la plus prompte obéissance. Daignez,
« nous vous en prions, prêter une oreille favorable
« à nos vœux. — Que puis-je accorder ? dit le vieil-
« lard, je n'ai dans ces lieux aucun pouvoir. Il me
« suffit de prier et de mériter humblement que votre
« église pourvoie à ma subsistance. » Elles n'en attendirent pas davantage, envoyèrent Apollinaire se présenter au roi, qui, pour des présents, lui vendit l'épiscopat. Mais il n'en abusa pas longtemps. Quatre mois après, la mort vint le frapper, et Thierry se hâta de déférer aux vœux du peuple, en plaçant Quintien sur le siége d'Auvergne.

Cet Apollinaire avait d'abord succédé aux honneurs terrestres de son père Sidoine ; il portait le titre de comte d'Auvergne, et, en cette qualité, lors de la querelle entre Clovis et Alaric, il conduisit ses vassaux au secours d'Alaric, dont il était le sujet. Les Chroniques vantent la bravoure de ces montagnards, qui tinrent les derniers sur le champ de bataille et y laissèrent l'élite de leur noblesse.

Après la mort d'Apollinaire, Alcime et Placidine reprirent leur vie pieuse et modeste. Arcade, comte d'Auvergne et fils d'Apollinaire, devint le confident de Childebert; c'est lui dont nous avons raconté la trahison; c'est encore lui qui, peu d'années auparavant, avait arraché du sein de Clotilde les jeunes enfants de Clodomir pour les livrer aux poignards de leurs oncles. Tant d'infamie devait révolter l'âme noble du jeune Léonce; mais il y avait là deux femmes sur lesquelles rejaillissait la honte, et que déjà poursuivait l'irritation publique. L'histoire ne parle point de l'épouse d'Arcade; il nous est permis d'interpréter ce silence et de croire que Dieu lui aura fait miséricorde en lui épargnant le spectacle de tant d'horreurs. Pourtant leur mariage avait été fécond, et leur fille porta le nom de Placidine, son aïeule.

Ce nom de Placidine, deux fois répété, vient corroborer l'affirmation de Fortunat, qui rattache la seconde Placidine à la grande famille Anicia. En effet, le prénom Placide et ses dérivés revenaient périodiquement parmi les noms patronymiques de cette famille, et désignaient principalement une branche italienne qui, à l'époque mérovingienne, se ramifia jusqu'en Bourgogne. Saint Placide, disciple de saint Benoît, est un enfant des Aniciens, un parent de Boëce et de Symmaque. Il nous a été impossible de savoir au juste quel fut le père de Placidine, femme d'Apollinaire; nous soupçonnons seulement qu'elle était d'une étroite parenté avec ce Placide qui, sous le roi Gondebaud, portait le titre de Maître des milices de Bourgogne, et comme tel contribua grandement au développement de la foi catholique sous le règne de ce prince.

La jeune Placidine était à peu près du même âge que Léonce; les deux enfants se plurent, et peut-être la générosité de Léonce fut-elle encore plus grande que son amour, car il demanda la main de la fille d'Arcade en des circonstances où bien d'autres auraient manqué même à la foi jurée. Cela se voit de nos jours, et nous n'avons pas lieu de croire que les anciens valussent mieux que nous.

Thierry méditait sa vengeance. Il laisse Childebert

s'engager dans une guerre contre les Bourguignons [1] (selon Grégoire), contre les Espagnols [2] (selon Aimoin). Ses leudes et ses soldats, qui voudraient leur part du butin, s'indignent : « Si tu dédaignes de « marcher avec tes frères, s'écrient-ils, nous t'abandonnons ; oui, nous aimons mieux les avoir pour « maîtres. » Lui, craignant de perdre ses fidèles : « Suivez-moi, leur dit-il, je sais un pays où vous « regorgerez d'or et d'argent. Ce pays, c'est l'Auvergne. Suivez-moi ! ne suivez pas mes frères ! » Gagnés par ces promesses, ils se dévouent à lui corps et âme. Thierry leur répète par deux fois qu'il livrera le pays à leur discrétion. Arrivé sur la terre d'Auvergne, il la dévaste, il la ravage. La capitale ne tint pas devant l'impétuosité de ses troupes, les défenseurs sont égorgés ou mis en fuite. Seul, Monderic, général des troupes de Childebert, oppose quelque résistance, s'entoure de l'élite arverne, ameute les paysans, et va mettre le siége devant le château de Vitry. Le roi, plus fort que lui, l'y enferme ; mais, désespérant de le vaincre, appelle à son aide la fourberie. Par son ordre, un certain Aregisile jure à Monderic qu'on lui

---

[1] Greg. Tur., *Hist. Franc.*, l. III, c. xii, p. 250.
[2] Aimon, *Hist. Franc.*, l. II, ch. viii, p. 669.

laissera le passage libre, à condition qu'il sorte du pays; le général se laisse gagner, part avec ses leudes, et traverse les troupes de Thierry qui se tiennent à distance respectueuse. « Qu'avez-vous à regarder, « soldats? dit tout à coup Aregisile, on dirait que « vous n'avez jamais vu ce héros! » C'était le signal, on se jette sur Monderic. Le leude, foudroyant Aregisile du regard : « Oh! parjure! lui dit-il, tu m'as « trompé. Que jamais plus œil de chair ne te voie! » Et, plus rapide que la parole, sa lance s'enfonce entre les deux épaules du traître, qui tombe la face contre terre. Le glaive à la main, Monderic enhardit les siens, se lance sur les assaillants et frappe sans relâche jusqu'à ce que la respiration lui manque. Pendant ce temps, Arcade, l'auteur du crime, celui qui avait livré la ville d'Auvergne à Childebert, Arcade, dont la bassesse avait causé la ruine du pays, s'enfuit à Bourges, sur les terres de son roi. Mais Placidine, sa mère, mais Alcime, sa tante, tombent entre les mains du vainqueur qui, par un reste de pitié, se contente de confisquer toutes leurs richesses et de les exiler à Cahors.

Mariage de Léonce et de Placidine.
(Vers 535 ?)

C'est dans leur exil que Léonce vint leur offrir les secours de son opulence. Pouvait-on lui refuser le seul prix qu'il enviât ? Le mariage fut donc sans doute mêlé de quelque tristesse. Nul poëte ne chanta l'épithalame de l'arrière-petite-fille de Sidoine : les temps étaient trop sombres. Toute la famille dut suivre le jeune couple à Bordeaux. Il faut placer l'union de Léonce et de Placidine entre les années 533 et 537. Il est presque impossible qu'elle ait eu lieu avant l'expédition d'Espagne et les troubles d'Auvergne ; pendant ce temps, Léonce n'a pas dû quitter les drapeaux. En 533, il n'aurait eu que 18 ans, selon notre manière de compter ; en 537, il en aurait eu 22. Or, il faut bien supposer huit à dix ans de mariage avant l'élection épiscopale qui eut lieu vers 545, et nos dates deviennent acceptables. Malgré le jeune âge de l'époux, j'aimerais presque mieux adopter 533 ; les tristes épreuves que ressentait la famille Apollinaire feraient ressortir davantage la tendresse du caractère de Léonce et cette délicate générosité qui fait l'admiration de Fortunat.

A défaut d'épithalame, nous traduirons les vers

que, trente ans plus tard, le poëte de Ravenne, devenu Aquitain, chantait à la louange de Placidine :

« Ton amour, ô Léonce, m'oblige à prononcer le nom de Placidine, jadis ta chaste épouse, aujourd'hui ta sœur chérie.

Fille d'Arcade, elle brille des reflets de la gloire impériale ; elle est ton auguste rejeton, éloquent Avite, qui vis s'incliner devant toi ces faisceaux, les dominateurs du monde, Avite, dont la parole coulait plus douce que le miel.

« Chaste, paisible, modeste, active, pieuse, compatissante, Placidine possède les plus nobles qualités, et par Léonce, elle trouve richesse, honneur et tout ce qu'un cœur humain peut désirer ici-bas.

« Sa conduite, son esprit, ses bienfaits, tout en elle entoure le sexe d'une auréole de lumière ; les trésors de son âme surpassent toute valeur.

« Que dirai-je davantage ? N'a-t-elle pas toutes les grâces ? Elle combla tes vœux en devenant ton épouse bien-aimée [1]. »

Les poëtes ont le droit de flatterie ; mais l'histoire nous montre sous un si beau jour les deux époux au déclin de l'âge, que nous avons, nous aussi, le droit de juger l'aurore sur le soir. L'union de Léonce et de Placidine fut donc un de ces mariages heureux,

[1] Fortunat, *Miscell.*, l. I, c. xv.

où le ciel semble avoir fait les époux l'un pour l'autre. L'un, sérieux malgré sa jeunesse, mûri de bonne heure par les sévères leçons du temps, apportait à Placidine un cœur qui sentait le besoin d'aimer autre chose que les fanges de la cour mérovingienne. C'était l'époque où Radegonde allait verser l'amertume de ses peines dans le sein de la vieille reine, pleurant, à l'ombre des cloîtres de Saint-Martin de Tours, ses fils qui ne sont plus. Le courage était héréditaire dans la race de Mérovée et de Clovis, mais la barbarie l'était aussi ; l'infamie et l'adultère s'étalaient publiquement, le parricide et le fratricide venaient consoler (selon l'expression hardie du bon évêque de Tours) les ambitions forcées d'attendre trop longtemps. Placidine, élevée dans la pratique des plus saintes vertus, sous l'œil de sa grand'mère et de sa tante, sanctifiée par les rigueurs de l'adversité, n'avait à donner à Léonce qu'une âme candide et un amour sans bornes. Le comte de Bordeaux avait de la fortune pour deux, Placidine était un trésor d'un autre ordre : il crut ajouter à sa richesse en la prenant.

Léonce l'Ancien, évêque de Bordeaux, bénit peut-être le jeune couple et lui ouvrit le riche palais de Puy-Paulin, situé dans le plus beau quartier de Burdigala, sur une légère éminence, entre le Port Navigère et l'opulent Camp-Aure. Léonce fit admirer à sa jeune épouse et à la famille exilée les splendeurs encore intactes de la capitale de l'Aquitaine, à peine veuve du sceptre visigoth.

La noblesse gallo-romaine comptait encore, dans cette noble cité, quelques vieux sénateurs qui regrettaient l'ancien régime, et, malgré le triomphe universel de la barbarie, ne pouvait se faire à l'idée que l'empire de Rome était détruit. On s'enquérait avec soin du nom des consuls que les rois goths et les empereurs de Constantinople élisaient chaque année par un vieux reste d'habitude, et l'on protestait de la sorte autant que la prudence le permettait.

Tel était cet Attique, dernier rejeton d'une famille florissante au temps d'Ausone [1]. Content de ses propriétés, il ne jetait point un œil d'envie sur celles du voisin. Fervent chrétien, il s'attachait fortement

---

[1] Fortunat, *Miscell.*, l. IV, c. XVI, p. 166.

L'inscription n° 64 du Musée de Bordeaux paraît se rapporter à un membre de cette famille : elle décorait la tête d'un tombeau ou cercueil de pierre.

MEMORIAE
ATTI   SCIANI
DEF . ANN. XXXIIX

au dogme. Mémoire heureuse, il savait autant de livres qu'en peut contenir une bibliothèque, et, si l'on avait recours à lui, c'était une source de science toujours coulante où l'on prenait plaisir de s'abreuver. Conseiller sage, esprit pieux, caractère paisible, il s'était gagné l'estime générale et servait de père à tout le peuple qui vivait auprès de sa demeure. La Gaule entière admirait son bon sens et avait conçu pour lui la plus profonde vénération. Lorsqu'il parlait, on ne se lassait pas d'entendre cette éloquence mielleuse, cette langue, pure comme son nom, suave, harmonieuse, qui se consacrait à célébrer les bienfaits de la paix, à guérir les maux de la guerre.

Tel était encore le prêtre Amphion [1], dont la piété et la douceur imposaient à tous un respect légitime. Vétéran du sacerdoce, il aidait Saint Léonce dans le gouvernement de sa métropole, et se faisait bénir de tout le peuple bordelais. Nous aurons l'occasion de parler de lui plus longuement.

Placidine fit les délices de ces charmantes villas,

[1] Fortunat, *Miscell.*, l. I, c. xxxi.

l'orgueil des rives de la Garonne et de la Dordogne. Langon et Preignac arrêtèrent le jeune couple à l'arrivée de Cahors, et voulurent avoir le plaisir d'admirer leurs maîtres avant toutes leurs sœurs. D'ailleurs, c'était justice : Preignac, résidence favorite de Léonce, lui rendait amour pour amour. En l'honneur de la nouvelle reine, le vieux palais sénatorial retrouva ses anciennes splendeurs ; les alentours se firent plus riants, et les vignes, déjà si fameuses, répandirent dans les coupes les flots dorés de leur liqueur parfumée.

Puis vint le tour de Vérége, dont les commentateurs cherchent l'emplacement. Peut-être faudrait-il étudier avec soin les coteaux de la rive droite de la Garonne : nous avons un pressentiment que le mot de l'énigme se trouve dans ces frais vallons, sur ces croupes fertiles qui, de nos jours, portent nom Bouillac, La Trène, Camblanes, Quinsac, Cambes, Langoiran, Baurech. Ecoutez attentivement la description de Vérége, et comparez [1] :

« Au sein de ces riches campagnes que traverse en tourbillonnant l'onde fertile de la Garonne, sur les rives de Vérége, verdoie une délicieuse oasis. Pour y monter, on gravit les penchants d'un tertre coupé obliquement par des

[1] Fortunat, *Miscell.*, l. I, c. xix.

allées qui épargnent au voyageur les fatigues d'une rude ascension. Sur un petit plateau dominant la plaine, mais dominé lui-même par les hauteurs cultivées, tout à la fois sans orgueil et sans bassesse, une charmante maison s'assied, au milieu même de la colline, à l'endroit où le versant se partage en deux pentes, l'une s'abaissant vers la plaine, l'autre s'élevant en dôme arrondi. Sous l'édifice règne un triple portique, où l'on croit voir courir les flots de l'Océan ; la peinture et la nature s'unissent pour tromper l'œil ; car une source, cachée dans les conduits souterrains, s'élance tout à coup du métal qu'elle anime, et réjouit le portique par le doux murmure de ses continuels ébats. Le maître fait parfois dresser la table auprès de la fontaine, et de sa coupe puise l'eau dans laquelle se jouent les poissons. »

Le commentateur de Fortunat croirait volontiers que Vérége n'est autre que Bourg, et rapproche la description du portique et de la fontaine de celles que faisait Sidoine au siècle précédent. Nous n'avons aucune raison de pencher pour ou contre. Lorsque les lieux y prêtaient, deux édifices ont pu se ressembler dans plusieurs de leurs parties.

A leur tour, Bisson (Bassens peut-être) et Lormont offrirent leurs hommages à Placidine, et le château de Bourg donna l'hospitalité aux familles alliées qui vinrent fêter l'hymen de leur jeune ami ; l'élite des Aquitains se pressa dans ces salles magnifiques, jadis chantées par Sidoine et dont Léonce ordonna l'entière restauration. Les Nammaces de Saintes furent sans doute parmi les plus empressés, et obtinrent que les nouveaux mariés vinssent à leur tour les visiter sur la terre santone.

Puisque nous en sommes à reconstruire l'histoire avec les lambeaux qui ont échappé aux injures des temps, pourquoi ne penserions-nous pas qu'Alcime et Placidine abandonnèrent la terre d'exil pour suivre leur enfant chérie, et mourir entourées de ses soins pieux ? Terres hospitalières de Bordeaux et de Bourg, ne garderiez-vous dans votre sol gallo-romain les saintes poussières de ces nobles proscrites ? Faut-il croire que jamais aucun éclat de marbre recueilli sur vos tombeaux ne viendra faire tressaillir le cœur de l'archéologue chrétien ? Où dort cette génération des Paulins et des Léonces ? Où dorment leurs épouses et leurs enfants ? Parmi les inscriptions de nos musées, en est-il une seule que nous puissions rapporter à cette famille bénie ?

L'alliance de Léonce et de Placidine resserrait les liens entre plusieurs familles déjà unies par la parenté. Afin de résumer ce que nous avons dit, et de fixer l'attention du lecteur, nous donnons ici la généalogie des Apollinaires et des Philagres, ancêtres de Placidine.

GÉNÉALOGIE DES APOLLINAIRES

*Issus, dit-on, d'une famille de prêtres arvernes
desservant le temple,
qui, plus tard, s'appela Polignac (?)*

◊ préfet des Gaules sous Théodose.

◊ APOLLINARIS,
préfet des Gaules sous Honorius
408

◆ ....   ◊ APOLLINARIS? (ex-Savaron)
ép. ....   préfet des Gaules sous Valentinien III
◆ EULALIA   418,
épouse PROBUS,   épouse une parente de la mère d'AVITUS.
fils de Magnus.

◊ 1. S. CAIUS SOLLIUS APOLLINARIS SIDONIUS ◆ 2. ◆ 3. ◊ 4. ◊ 5.
MODESTUS PHŒBUS   SECUNDUS

comte, patrice, préfet de Rome et du Sénat,
453? épouse PAPIANILLA,
fille de l'empereur AVITUS.
Évêque d'Auvergne 469,
meurt 489.

◊ 1. APOLLINARIS   ◆ 2. ALCIMA   ◆ 3. ROSCIA   ◆ 4. SEVERIANA
455, comte, duc d'Auvergne,   455   456   457
évêque d'Auvergne, épouse PLACIDINA.

◊ ARCADIUS,
patrice,
confident de Childebert.

◆ PLACIDINA
épouse LEONTIUS,
comte de Bordeaux
535 ?

◊ ARCADIUS
536 ?
mort en bas âge.

FAMILLE DES PHILAGRES

Origine celtique, arverne.
Alliance sénatoriale, romaine.
Préfets, patrices, tribuns.

PHILAGRIUS

◊ ....
épouse une parente de la mère de Sidoine

◊ FLAVIUS EPARCHIUS AVITUS, AUGUSTUS.
390
428 Chef des milices gauloises,
439 Préfet du prétoire et des Gaules,
453 Empereur,
Évêque de Plaisance.

| ◊ 1. ALCIMUS ECDITIUS AVITUS, patrice, peut-être le même que ISICIUS (ailleurs *Hesychius*), évêque de Vienne. qui avait épousé AUDENTIA et eut pour enfants : | ◊ 2. AGRICOLA | ◊ 3. PAPIANILLA épouse SIDONIUS et rattache notre *Placidine* à la race impériale. |

◆ FUSCINA, ◊ S. ALCIMUS AVITUS, ◊ APOLLINARIS,
évêque de Vienne   évêque
sous Gondebaud   de Valence.
et les enfants de
Clovis.

◊ S. BONITUS, ◊ S. AVITUS,
évêque   évêque
d'Auvergne.   d'Auvergne.

Dans un ouvrage consacré à l'histoire des Léonces, nous ne pouvons nous étendre longuement sur les ramifications de familles et croisements d'alliances. D'ailleurs le fil historique, interrompu sur bien des points, ne nous permet pas de rattacher avec exactitude aux souches principales quelques autres Apollinaires et Avites évidemment parents de ceux que nous venons de nommer. Mais le lecteur nous saura gré d'esquisser à grands traits les principales figures de ces deux races.

SIDOINE nous est déjà connu. Condisciple de Lampride et de Léonce dans la superbe école de Lyon, il entra, jeune encore, dans la famille d'*Avitus*, depuis empereur, par son mariage avec Papianille, fille de ce sénateur arverne. Grâce à l'élévation de son beau-père, il brigua les dignités de Rome. Son éloquence était à l'aise dans les grandes fêtes du forum ; il prononça les panégyriques d'Avite, de Majorien et de Ricimer. Sous le second, il fut préfet de Rome et du Sénat. Mais, à cette époque, les Césars ne montaient sur le trône que pour tomber plus rapidement. Entraîné par la chute de ses amis, Sidoine se retira dans la solitude, et le peuple d'Auvergne le demanda pour évêque. A ce moment, sa patrie adoptive passait sous le sceptre des Wisigoths, et Sidoine, accusé de romanisme, fut jeté en prison. Nous savons son histoire, sa délivrance, ses démarches pour recouvrer le patrimoine de l'Eglise et des pauvres, ses luttes pour le maintien de la discipline et pour le triomphe de la vérité.

Le sénateur AVITE, un peu plus âgé que Sidoine, se fit un nom par son habileté à gouverner les Gaules au milieu des temps les plus difficiles. Egalement apprécié des Romains et des Barbares, on avait recours à son expérience et à sa loyauté dans les affaires les plus ardues. Théodoric I, roi des Goths, lui confia l'éducation de ses enfants; Aétius, le vrai maître de l'empire romain, se tourna vers lui quand il fallut s'attacher les Barbares pour repousser avec eux un ennemi plus redoutable encore, Attila, le fléau de Dieu. Ame dévouée, sans ambition, il fut porté au trône impérial autant par l'affection des Goths que par la reconnaissance et l'amour des Romains. Les Vandales d'Afrique, vaincus dans une première rencontre, tremblèrent un instant; mais la trahison arrêta les succès de l'empereur. Le premier au second rang, Avite, n'était pas fait pour le commandement suprême. En vain demanda-t-il comme une grâce le siége épiscopal de Plaisance; obligé de fuir les atteintes de ses ennemis, il mourut avant de toucher le sol hospitalier des Gaules.

Son fils Ecdice ne songea point à la vie publique ; néanmoins, aux heures solennelles, il savait tirer l'épée et donner son sang. Lorsque les Barbares se prirent à convoiter l'Auvergne encore romaine, Ecdice appela ses braves. On le vit, suivi d'une vingtaine de cavaliers, se jeter sur un bataillon de Goths, le rompre, le poursuivre à outrance, et sauver pour quelques jours sa cité menacée. Si la famine dévorait les populations de la Lyonnaise, il ouvrait son palais à la foule affamée, envoyait par les campagnes ses serviteurs à la recherche des indigents et des provisions, et nourrissait tous les malheureux jusqu'au retour de l'abondance. Aussi mérita-t-il d'entendre le divin Maître lui prédire de sa propre bouche que jamais la maison des Avites ne tomberait dans l'indigence. L'histoire nous dérobe la dernière période de la vie d'Ecdice. Si nous en croyons quelques commentateurs, dont le savoir est pour nous une haute garantie, Ecdice ne serait autre que cet Isice qui occupa le siége de Vienne pendant les dernières années du cinquième siècle, et qui fut père de ce saint Avite, évêque de la même ville, le prélat le plus remarquable de l'époque burgonde, par son éloquence, son zèle et l'élévation de son caractère.

Avite, fils d'Isice, occupa avec gloire ce siége métropolitain de Vienne, déjà si illustre depuis l'épiscopat de saint Mamert, ce pieux parent des Apollinaires, dont le frère, saint Claudien, fut l'un des plus ardents champions de la foi contre les hérésies arienne et pélagienne. Saint Mamert avait institué les grandes Litanies qui, sous le nom de Rogations, se chantent depuis dans toute l'Eglise occidentale, pendant que les prêtres, suivis du peuple chrétien, parcourent les champs et demandent au Maître de toutes choses qu'il daigne bénir les travaux du laboureur. Saint Avite eut le rare courage de refuser le baptême au roi Gondebaud, qui n'osait avouer publiquement son penchant secret pour le catholicisme; au contraire, il fut présent au baptême et au sacre de Clovis, et prononça le discours qui devait faire comprendre au Sicambre et à ses soldats l'importance de l'acte accompli dans la cathédrale de Reims. Sigismond, successeur de Gondebaud, plus courageux que son père, abjura l'arianisme entre les mains du métropolitain de Vienne. Lorsque ce prince, trompé par sa seconde femme, eut fait mourir son fils Sigeric, Avite lui fit sentir l'énormité de son crime, et lui inspira les sentiments d'une pénitence si vive, qu'il se retira au monastère de Saint-Maurice et y passa quelque temps dans le repentir et dans les larmes.

Saint Avite mourut en 523, après avoir gouverné son église pendant quarante ans, et tenu, en 517, le Concile d'Epaone.

Un autre Avite de la même famille, mais dont le père nous est inconnu, de même âge que notre Léonce, fut son collègue dans l'épiscopat et occupa glorieusement le siége d'Auvergne. Saint Grégoire de Tours nous vante son affection particulière pour les Juifs, qu'il fit entrer par centaines dans le bercail du Sauveur Jésus. Il eut pour frère saint Bonnet, auquel il laissa son évêché.

Léonce et Pladicine eurent-ils des enfants? Les Chroniques mérovingiennes semblent insinuer le contraire. Cependant saint Fortunat parle d'un petit ARCADE en des termes si charmants, que les commentateurs ont cru deviner l'inspiration de Placidine. Il n'était pas rare que le petit-fils portât le nom de son aïeul. Arcade pourrait donc être le fils de Léonce et le chéri de Placidine. N'aurait-il été que leur neveu, cette histoire ne pourrait le passer sous silence.

Epitaphe d'Arcade.

« Pauvre petit Arcade[1], l'enfant des sénateurs, qu'es-tu

[1] Fortunat, *Miscell.*, l. VI, c. XVII.

venu faire en ce monde pour t'envoler sitôt? La mort t'a vu si gracieux, la jalouse, qu'elle t'a ravi à nos embrassements. Le bonheur passe si vite en ce monde! Ton enfance, déjà sérieuse, mettait un frein aux jeux de ton âge, et l'on se demandait quelle serait ta sagesse aux jours de la maturité. Génie précoce, on prévoyait ton éloquence aux flots imagés de ce beau langage enfantin, auquel la grâce de ton visage prêtait un charme indéfinissable. Ta nature si belle, si belle, rehaussait les balbutiements de tes lèvres; à nos oreilles tout cela surpassait même l'art du rhéteur. Hélas! pourquoi le souvenir m'entraîne-t-il à faire revivre, par mes louanges, les formes exquises de cet enfant!? La tombe a tout détruit! Chaque aspect aimable, sous lequel il se présente à ma mémoire, me rappelle une douleur, m'arrache des larmes. Et pourtant, pourquoi pleurer? Nulle souillure n'a flétri l'innocence d'Arcade. Non, non; ne pleurez pas; car il vit à jamais dans le paradis. »

N'est-ce pas là ce langage passionné des mères? amour, idolâtrie, illusion, rêve d'avenir, regrets sans fin, consolation dans les larmes?

Brower croit que cet Arcade est un fils du sénateur de même nom, et par conséquent le frère de Placidine. « C'est peu vraisemblable, dit Luchi; la mort de cet enfant serait trop éloignée du temps où Fortunat vint dans les Gaules. » Puis, les regrets exprimés par le poète sont moins ceux d'une sœur que ceux d'une mère. C'est une mère que Fortunat venait d'entendre, lorsqu'il prit sa plume et pleura. L'épitaphe d'Arcade n'a que douze vers; mais jamais chantre de douleur ne fut mieux inspiré, tant l'accent est naturel, plaintif, la forme achevée. Que l'on compare avec les autres poèmes du même auteur, et l'on donnera le prix aux plaintes d'une mère.

Cette mère est-elle Placidine? Arcade serait-il le seul fruit de son hymen? Respectons le silence de l'histoire.

Léonce, tout entier aux devoirs de la famille, disparaît de la scène politique. Pendant une dizaine d'années, il s'occupe de ses terres, de ses maisons qu'il répare, de ses peuples qu'il rend heureux.

Léonce II, évêque.
(Vers 545.)

L'évêque de Bordeaux, son ami et son parent, vécut peu après ce Concile d'Orléans qu'il présida l'an 451. Quelques commentateurs le font mourir l'année suivante. L'histoire, moins précise, ne fixe point de date.

Le peuple bordelais le pleura comme un père; la désolation était universelle. Le nom de Léonce était sur toutes les bouches, dans tous les cœurs. Aussi, quand le corps du saint pontife eut été descendu dans la tombe et recouvert de la pierre funéraire, un seul cri s'éleva de la foule émue : *Léonce! Léonce, évêque!* lui seul peut remplacer le père que nous avons perdu.

Placidine, prévenant les résistances de son mari, se hâta de lui dire : « Je suis trop heureuse de m'appeler ta sœur. » Et Léonce, cédant au vœu populaire, consentit à prendre la houlette de Léonce l'Ancien.

Les évêques de la seconde Aquitaine, suffragants de Bordeaux, étaient sans doute accourus pour rendre les derniers devoirs à leur métropolitain. C'étaient Sabaude de Périgueux, Daniel de Poitiers, Aptoine second d'Angoulême, peut-être Bébien d'Agen, et, à leur tête, Eusèbe, qui, depuis dix ans, illustrait le siége de Saintes. Etaient-ils seuls? Les évêques de la Novempopulanie ne s'étaient-ils pas joints à eux? Saint Aspais d'Eause n'avait-il pas voulu fermer les yeux de son vénérable ami? Ameille de Comminges put-il être prévenu assez tôt pour arriver aux funérailles de son parent?

Heureux du choix populaire, et bénissant les desseins de la Providence, les évêques conférèrent à Léonce le Jeune les ordres sacrés et l'onction épiscopale. Le nouveau métropolitain de Bordeaux atteignait en ce moment l'âge fixé par les Canons, trente ans, ce qui nous oblige à donner, comme date probable de sa promotion, l'année 545.

Un grand archevêque venait de prendre le gouvernement du diocèse de Bordeaux et de la seconde métropole de l'Aquitaine.

Fortunat lui assigne le treizième rang dans les diptyques de l'ancienne Burdigala [1].

Tertius a decimo huic urbi antistes haberis.

Hierosme Lopes [2], en l'*Histoire des Archeuesques*, ch. IV, commentant ce passage de Fortunat, ajoute :

« Les noms de quatre (Euesques) nous sont inconnus. Encores n'y auroit-il point assez de quatre Euesques pour remplir l'interualle du temps, qui a couru depuis S. Martial (que nous auons dit auoir esté enuoyé en France par S. Pierre, & mort l'an 74 de Nostre-Seigneur) jusqu'à l'Euesque Orientalis, qui tenoit le siege l'an 314. & depuis le quel jusqu'à nostre Leontius, nous auons compté jusqu'à neuf Archeuesques. Il faut donc dire, ou que la succession des Euesques aura esté interrom-

---

[1] Fortunat, *Miscell.*, l. I, ép. XV.
[2] *Hist. de l'église de Saint-André*, p. 174.

« puë durant les differentes & grandes persecutions,
« en telle sorte qu'il n'en y eust que quatre, depuis
« S. Martial jusqu'à Orientalis ou que Leontius estoit
« le treizieme Euesque de Bourdeaux, de ceux que
« l'on connoissoit pour lors : le temps, les persecu-
« tions, les rauages des Vandales & des Gots, ayant
« fait perdre le souvenir de tous les autres. »

On ne peut mieux exposer l'état de la question ; nous n'avons que peu à modifier. Lopes, ébranlé dans ses croyances apostoliques par l'attaque violente des dénicheurs de saints, n'ose inscrire Saint Fort en tête des pontifes bordelais. De nos jours, quelques érudits hésitent encore ; d'autres, comme M. l'abbé Cirot de la Ville, dans son *Histoire de l'église de Saint-Seurin*, et M. l'abbé Mezuret, dans son *Histoire de Notre-Dame de la Fin-des-Terres*, et dans le journal *l'Aquitaine*, défendent énergiquement l'antique tradition de l'église de Bordeaux, basée sur le fond historique et authentique de la *Légende* d'Aurélien, et des *Lettres* de Saint Martial.

Réservant pour un autre ouvrage l'examen de cette question, nous suspendons notre jugement comme historien ; mais, comme enfant de l'église Saint-Seurin, nous gardons avec amour l'enseignement qui nous fut donné dès notre berceau touchant l'évêque martyr, auquel nous fûmes consacré le 16 mai de l'an 1835. Ce n'est pas une preuve, mais dans toute controverse on est libre de prendre parti pour l'une ou l'autre opinion jusqu'à ce que la science ait porté son verdict. Donc, nous inscrirons aujourd'hui Saint Fort comme premier évêque de Bordeaux.

1. S. Fortis, ailleurs *Sigibertus*, ou *S. Gilbert*. (Delurbe.) } vers.... 71
2. ....
3. ....
5. Orientalis était évêque en................ 314
4. ? ....
6. S. Delphinus était évêque en............. 381
7. S. Amandus était évêque en.............. 406
8. S. Severinus vers....................... 420
   (S. Amand meurt après lui.)
9. S. Gallicinus était évêque vers 463, meurt 475?
   (Vacance du siége de Bordeaux).... 475?+500?
10. Cyprianus était évêque en................ 502
11. Amelius ....
12. S. Leontius *Priscus*, était évêque en...... 540
13. S. Leontius *Junior*, élu vers............. 545

De la sorte, les places vides se réduisent à trois, et même à deux, si, avec les plus anciens historiens, nous donnons la première place à Saint Martial. Devons-nous espérer qu'un jour cette lacune sera comblée par la découverte de quelque monument inédit? Tant d'églises, même en Aquitaine, sont moins heureuses que Bordeaux, et pleurent leurs diptyques effacés!

Mais, lorsque nous savons d'une manière précise que Léonce le Jeune est le treizième évêque de Bordeaux, pourquoi dans les catalogues ne pas s'en tenir à ce numéro d'ordre? Lopes le nomme « IXe archeuesque, » et tous les autres de suivre. Mieux vaut conserver les places des absents et n'être pas obligé de numéroter de nouveau toutes les places, chaque fois que les recherches nous apprennent un nom inconnu.

« Léonce II [1] vient d'ajouter à sa noblesse le titre sacré de défenseur de l'Eglise, de prêtre du Seigneur. La gloire pontificale, la plus haute gloire du monde, a grandi soudain en ceignant ce front de son auréole. L'Eglise et le pasteur se rehaussent l'un l'autre par de mutuels bienfaits; Léonce devient le plus bel ornement de l'Eglise, et l'Eglise promet à Léonce ses éternelles espérances.

« La Providence les fait fleurir tous deux à la fois; honneur et succès, tout désormais leur sera commun.

« Le premier soin de Léonce le Jeune fut de développer au sein du peuple le zèle pour la maison de Dieu. Beaucoup d'églises ne s'étaient pas encore relevées de leurs ruines; de grands centres de populations devaient aller au loin pour demander l'instruction religieuse et remplir les

---

[1] Fortunat, *Miscell.*, l. I, c. xv, *Louange de Léonce*.

5

devoirs du chrétien. Voyez sur les rives des deux grands fleuves resplendir les blanches murailles des vieux temples rebâtis, et rayonner aux feux du soleil les toits de métal aux faîtages d'or et d'argent. La vieillesse a fui. Les voilà dans toute la splendeur d'une florissante jeunesse. Renouvelés par tes soins, ô Léonce, ils te cherchent de leur sourire. Mais tu n'en avais pas encore fait assez; l'incendie a dévoré des monuments afin que, pour ta gloire, ils fussent rebâtis avec plus de magnificence. La flamme ne leur a donc point causé le moindre dommage, puisque nous les revoyons aujourd'hui pénétrés, à l'intérieur, par les feux des verrières et des lampes. Vraiment, l'on croirait que leur désir avait appelé l'incendie, afin de renaître plus beaux par tes soins. Ainsi le phénix, vieilli par les ans, se consume lui-même et retrouve dans ses cendres une nouvelle vie. »

Placidine s'était aussi dévouée à l'œuvre de Dieu. Fidèle imitatrice de son mari, elle se chargeait de l'ameublement des églises : la laine, la soie et le lin prenaient entre ses doigts les formes sacrées, et concouraient à l'ornement des autels. Voiles suspendus comme une tente au-dessus du Saint des saints, vêtements sacerdotaux, linges du sacrifice, tapis du sanctuaire, toutes ces choses sortaient des villas bénies de Bourg, de Lormont, de Preignac, où, sous les yeux de la maîtresse, travaillaient les meilleures ouvrières.

L'activité de Léonce ne trouvait pas un aliment suffisant dans les constructions saintes de son diocèse ; ses collègues dans l'épiscopat mettaient à contribution son opulence et l'invitaient à consacrer lui-même l'œuvre de ses largesses. Nous le trouverons plus tard sur les bords de la Garonne et de la Charente, rendant ses hommages aux glorieux tombeaux d'Eutrope et de Vincent.

Concile d'Orléans.
(549.)

Zélé pour la discipline, il était de tous les Conciles, et, si les embarras de la vie, les occupations du saint ministère le retenaient dans son diocèse, il confiait le soin de plaider les intérêts de son peuple aux plus éminents de ses prêtres.

C'est ainsi qu'en 549, le roi Childebert ayant fait assembler les évêques de son royaume dans la ville d'Orléans [1], Léonce, ne pouvant s'y trouver en personne, y envoya Vincent, prêtre de son église. Il s'y trouva cinquante évêques et vingt et un députés d'évê-

---

[1] Hiérosme Lopes, *Hist. de l'église Saint-André de Bourdeaux*, p. 174.

ques absents[1]. On comptait neuf métropolitains : saint Sacerdos de Lyon, qui présidait au Concile, saint Aurélien d'Arles, saint Hésyche II de Vienne, saint Nicet de Trèves, saint Désiré de Bourges, saint Aspais d'Eause, Constitut de Sens, Urbiqu de Besançon, et Avole d'Aix. Marc, évêque d'Orléans, n'y assista point, parce qu'il était accusé et exilé; et c'était pour le juger que le roi Childebert avait fait assembler un Concile si nombreux.

La séance se tint le 29 octobre : Marc fut déclaré innocent et rétabli sur son siége.

Nous ne reproduirons pas les canons de ce Concile, qui ne font que développer cette législation, protectrice du faible et sauvegarde des bonnes mœurs, que nous avons déjà si souvent admirée. Il est vrai que le mal nous semble grand; mais nous voyons aussi combien les évêques travaillent activement pour le combattre et l'extirper.

Les canons 9e, 10e et 11e sont d'autant plus intéressants pour nous que bientôt Léonce souffrira persécution pour en avoir réclamé l'observance.

Le 9e défend d'élever personne à l'épiscopat qu'il n'ait, au moins pendant un an, été instruit des règles

---

[1] *Dict. des Conciles*, t. II, p. 192.

spirituelles et de la discipline ecclésiastique par des gens doctes et d'une vertu éprouvée.

Le 10e défend, sous peine de déposition, d'acheter l'épiscopat à prix d'argent, ou d'employer la brigue pour y parvenir. Il ajoute que l'évêque doit être consacré par le métropolitain et ses comprovinciaux après l'élection par le clergé et le peuple et avec l'agrément du roi. (Quelques manuscrits ne mentionnent pas cette dernière clause; elle arrive la dernière et suppose les autres.)

Le 11e déclare, conformément aux anciens canons, que l'on ne donnera point à un peuple l'évêque qu'il refuse, et qu'on n'emploiera point l'autorité de personnes puissantes pour obliger les clercs ou les citoyens à s'y soumettre, qu'autrement l'évêque ainsi ordonné sera déposé.

On voit par ces canons que les évêques tâchaient de rétablir la liberté des élections, qui étaient souvent gênées par l'autorité royale ou par les recommandations des personnes puissantes. Les rois goths et plus tard les rois francs ne se dépouillèrent pas en un jour des habitudes germaines; traitant l'Eglise comme une vaincue, ils mettaient les évêchés au rang des apanages, et volontiers les jetaient en récompense à leurs leudes, sans trop s'inquiéter de leur foi, de leur science, ni de leur vertu. De là ces résistances du haut clergé, jugeant avec raison que de tels éléments, introduits de force dans le sanctuaire, amèneraient avant peu la ruine des mœurs. Et pourtant il ne fallait pas trop heurter de front ces fiers despotes, dont les vengeances pouvaient causer aux provinces chrétiennes tant de maux; voilà pourquoi les Conciles établirent que l'élection du peuple, le consentement des comprovinciaux et l'agrément du roi seraient les trois conditions requises pour créer un évêque : régime beaucoup plus libéral que l'état actuel des nominations ecclésiastiques, où tout dépend du souverain qui préférera laisser jusqu'à dix ans une église sans pasteur, plutôt que de reconnaître le vœu populaire, les protestations des comprovinciaux ou le refus de Rome.

IIe Concile de Paris.
(l'an 551.)

Baronius a confondu ce Concile avec le suivant[1] : et même dans ses *Annales,* la chronologie gauloise se

---

[1] Theiner in M. Baron., an 559. — *Dict. des Conciles,* t. II, p. 222.

trouve toute bouleversée, parce qu'ayant placé la mort de Clovis quatre ans plus tard, il a eu beaucoup de peine à établir de l'ordre entre toutes les dates que cette erreur faisait paraître contradictoires. Depuis, la chronologie de cette époque a été rétablie, et nous pouvons nous en tenir à l'ordre et aux dates adoptés par le P. Theiner, le nouvel éditeur de Baronius.

Saffarac (ou Saphorat), évêque de Paris, ayant violé les canons du dernier Concile d'Orléans, qu'il avait fulminés avec les autres Pères et auxquels il avait apposé sa signature, fut déposé par ses comprovinciaux et son métropolitain. On lui reprochait ces crimes d'incontinence et de simonie si souvent anathématisés. Cette déposition fit du bruit, et peut-être les puissants amis de Saffarac plaidèrent-ils sa cause auprès du roi : l'affaire fut de nouveau plaidée devant une assemblée plus considérable qui se tint à Paris l'an 551 (peut-être en 552).

Il s'y trouva vingt-six évêques, dont six métropolitains. On ne dit point quel fut le président; mais il est à croire que cet honneur revenait à saint Hésyche de Vienne, qui s'était assis le second au Concile d'Orléans. Parmi les métropolitains les plus remarquables étaient saint Nicet de Trèves, qui, lui aussi, avait assisté au Concile d'Orléans, et Saint Léonce de Bordeaux, qui s'y était fait représenter par le prêtre Vincent.

Parmi les évêques, nous remarquons saint Firmin d'Uzès, saint Léobin de Chartres, saint Agricole de Châlons, saint Tétrique de Langres, fils de l'illustre saint Grégoire, son prédécesseur, saint Arége de Nevers.

Saffarac s'avoua lui-même coupable, et reconnut la justice de sa condamnation : la loi fut exécutée à son égard, et, dépouillé de son titre épiscopal, il fut relégué dans un monastère. La sentence du métropolitain reçut ainsi pleine justification.

Eusèbe I reçut la houlette du prévaricateur.

IIIe Concile de Paris.
(L'an 557.)

Les temps devenaient plus mauvais. La guerre civile désolait les belles provinces des Gaules; la licence devint telle que les soldats ne se contentèrent plus de piller l'ennemi, mais, jetant la main sur tout ce qui était à leur convenance, dépouillaient les propriétaires inoffensifs et les possessions de l'Eglise; lorsqu'ils trouvaient des évêques assez fermes pour repousser leur arrogance, ils importunaient les rois, qui, n'osant mécontenter leurs fidèles, leur donnaient gain de cause. La cupidité sacrilége faisait tous les jours des progrès effrayants. D'ailleurs, l'ambition, au mépris des lois saintes, recommençait toujours ses menées criminelles, et, comme toutes voies lui sont bonnes, elle ne dédaignait pas les chemins tortueux pour atteindre aux honneurs : le grand ascendant que, depuis la chute de l'empire, l'épiscopat avait acquis sur les populations, excitait entre toutes choses la convoitise des séculiers; les rois, sans cesse obsédés par les demandes, ne pouvaient s'empêcher de consentir à la violation des droits ecclésiastiques [1].

Ces faits sacriléges, ces usurpations honteuses, produisirent un effet salutaire sur le clergé des Gaules, et, les plus saints évêques se levant, sans s'inquiéter de leur petit nombre, allèrent protester publiquement au pied du trône, dans cette ville de Paris où le roi Childebert faisait sa résidence.

Le prélat de cette noble église, Germain, l'héritier du nom et de la sainteté du grand évêque d'Auxerre, à peine monté sur le siége pontifical, s'était fait l'âme

---

[1] Baronius, *Annales ecclés.*, an 559. — *Dict. Concil.*, t. II, p. 222.

du mouvement. Son zèle ne voyait qu'avec douleur la décadence de la sainte discipline ; un Concile pouvait apporter quelque remède, il le convoqua. Il fallait en ce moment une hardiesse peu commune, car on prévoyait que la résistance serait vive de la part des usurpateurs des choses saintes, surtout quand ces usurpateurs étaient les rois eux-mêmes. Mais la crainte de Dieu fut plus forte aux cœurs de ces prêtres que la crainte des puissances de la terre, et, sachant que l'huile sainte imprime au front des évêques un caractère plus auguste qu'au front des rois, sachant que les princes eux-mêmes sont soumis à la puissance sacerdotale (si du moins ils tiennent à demeurer au nombre des brebis du divin Pasteur, et à ne pas être chassés du bercail pour encourir la malédiction des boucs), sachant que le pouvoir de lier et de délier leur a été confié par l'auteur de tout pouvoir, ils remplirent leur mission suprême.

« Il nous plaît, il nous convient à tous de porter
« les lois suivantes. Des hommes, oublieux de leur
« âme, ont cru tromper l'œil de Dieu par de faux
« écrits qui prouvent, aux yeux des hommes, leurs
« prétendus bienfaits envers les églises : astuce per-
« nicieuse d'âmes trop peu pénétrées de la crainte de
« Dieu ! ces biens dont ils acceptent l'offrande tour-

« neront à leur ruine, et l'œil de leur conscience
« n'ose envisager le jour du jugement, parce qu'il se
« délecte dans les trop grandes ardeurs de la cupidité.
« Donc, quiconque, oublieux de sa perte, possédant
« injustement les biens que l'Eglise lui confia, aura
« la présomption de se les arroger, et, pleinement
« instruit de la vérité, la tiendra cachée, afin de ne
« point restituer; que celui-là soit tenu à l'écart de
« toutes les églises, privé de la sainte Communion et
« du pardon de ses péchés, jusqu'à ce qu'il ait effacé
« sa faute par la restitution et la réparation du dom-
« mage. Il est indigne, en effet, que l'on permette
« l'approche de l'autel à celui qui ose ravir et pos-
« séder injustement les biens ecclésiastiques, et
« qui persiste à les retenir frauduleusement. On
« doit les mettre au rang des assassins des pauvres,
« puisque, de la sorte, ils les privent de leur sub-
« sistance. »

On voit, par cette phrase, que les revenus de l'Eglise sont destinés au secours des souffrants et des nécessiteux, et non point aux viles spéculations du commerce et de l'agiotage. Combien de prêtres tomberaient aujourd'hui sous les foudres du IIIe Concile de Paris !

« Que personne, pendant les interrègnes et vacan-

« ces des évêchés, n'ait la hardiesse de détourner les
« choses de Dieu ; car la loi de Dieu a fixé les attri-
« butions de chaque puissance et royauté terrestre.
« Celui qui aurait une pareille présomption encour-
« rait le même jugement et commettrait le même
« crime. De la sorte, nous imposons un frein à ces
« compétiteurs qui se précipitent sur les biens de
« l'Eglise, sous prétexte que les faveurs du roi leur
« en ont fait largesse.

« Nos regrets et nos protestations paraîtront bien
« tardives ; il y a longtemps que les prêtres du Sei-
« gneur, appuyés sur les saints canons, auraient du
« se dresser contre ces abus ; notre patience, notre
« douceur, ne seraient pas devenues comme un encou-
« ragement perpétuel pour l'audace des coupables. Il
« a fallu que l'injustice montât à son comble pour
« nous décider à élever la voix. Ne sera-ce pas trop
« tard ?

« Perpétuel anathème à celui qui osera confisquer
« les biens de l'Eglise, les recevoir de la main du roi,
« ou s'en emparer par violence. »

Pour contrebalancer les funestes exemples du roi
Clotaire qui, à la mort de son épouse, avait épousé
sa belle-sœur, et l'impression immorale de tous ces

princes incestueux, les Pères renouvelèrent les Canons les plus sévères.

« Tous nos frères sont tombés d'accord sur ce
« point, que c'est peu de tonner contre les abus de
« nos jours, si nous ne préparons pas des remèdes
« pour sauver les âmes. Que personne n'ait donc la
« présomption de contracter des alliances défendues
« par la loi de Dieu : ainsi, que l'on n'épouse point
« la veuve de son frère, de son père, de son oncle, la
« sœur de sa femme, de sa mère, sa bru, sa belle-
« mère et la fille de sa belle-mère. » C'est ainsi que le Synode s'efforçait d'opposer une digue aux mauvais exemples qui partaient du trône. Mais le courage des évêques éclata surtout dans l'ordonnance qui condamnait directement les rois et leur criminelle propension à s'arroger le droit de préposer au gouvernement des églises leurs créatures et leurs courtisans.

« Puisqu'en plusieurs circonstances on néglige l'an-
« tique usage et qu'on viole les décrets des canons,
« il nous a plu de faire appel à cet antique usage et
« de réclamer l'observation des lois. Que personne
« ne soit ordonné évêque malgré les citoyens, et
« que celui-là seul soit ordonné qui ne devra son

« élection qu'à la pleine et libre volonté du peuple
« et du clergé; que ni l'ordre du prince ni nul autre
« motif ne soit invoqué, lorsque le métropolitain et
« les évêques de la province refusent. Que si, par
« ordonnance royale, quelqu'un a la témérité de pré-
« tendre à cet insigne honneur, que nul évêque de
« la province ne le reconnaisse comme collègue.
« Quand même il aurait reçu l'onction sainte, l'évê-
« que qui, malgré notre défense, aurait la hardiesse
« de le recevoir dans son diocèse, sera séparé de tous
« les frères et privé de la communion. »

Que diraient les rois de nos jours, si nos évêques, intrépides comme leurs devanciers, réclamaient pour les choses sacrées ce suffrage universel dont on préconise la toute-puissance? A l'époque mérovingienne, les rois tendaient à confisquer à leur profit la liberté de l'Eglise : c'est l'éternelle lutte qui ne finira qu'avec le monde.

Quinze évêques seulement s'étaient cru assez forts pour affirmer la vérité à la face des rois, et réclamer les droits de la justice. Probe, métropolitain de Bourges, présidait. Saint Prétextat de Rouen, qui périt sous le poignard de Frédégonde, notre Saint Léonce le Jeune, saint Euphrone de Tours, appuyèrent saint Germain de toute l'autorité de leur expérience. Saint Samson de Dol, saint Félix de Nantes. saint Calétric de Chartres, n'étaient pas hommes à plier devant la force.

Le roi Childebert sanctionna les actes du Concile et promit de s'y conformer en tout ce qui regarde l'autorité royale.

Clotaire n'était pas capable d'un tel retour ; il continua sa vie désordonnée, et bientôt nous le verrons favoriser l'usurpation de l'évêché de Saintes.

Synode de Saintes.
(L'an 562.)

Vers le milieu de l'année 561 mourut Eusèbe, évêque de Saintes, après environ trente ans d'épiscopat [1]. A cette époque, Clotaire était seul maître de la monarchie franque, par suite du décès de ses frères et de ses neveux. Son despotisme ne connaissait point de frein, et les ambitieux qui savaient user de flatteries étaient certains de posséder l'objet de leurs convoitises.

Emère (*Emerius*), jadis condisciple de Léonce,

[1] Baronius, *Annales ecclés.*, an 566. — *Dict. Concil.*, t. II.

s'était fait remarquer de bonne heure par son caractère intrigant; aussi lui avait-on donné le surnom d'Emule, qui, en latin, a le double sens de rival et de jaloux. Ce jeune seigneur, qui peut-être avait embrassé la cléricature, n'attendit pas que la voix du Ciel se manifestât par l'élection populaire; mais, s'adressant au roi, il obtint un rescrit qui permettait de l'ordonner évêque sans la bénédiction du métropolitain absent. Il se trouva des évêques assez courtisans pour céder aux ordres du roi. Emère se rendit à Saintes et voulut administrer le diocèse.

Sur ces entrefaites mourut Clotaire, vers le mois de décembre de la même année.

Léonce, blessé de voir fouler aux pieds la sainte discipline pour laquelle il avait si vaillamment combattu, assemble à Saintes ses comprovinciaux, dans les premiers mois de 562 [1]. Bébien d'Agen, saint Piens de Poitiers, Sabaude de Périgueux, Aptoine d'Angoulême, indiqués par les Catalogues, formèrent sans doute ce tribunal solennel. Emère y comparut; on lui cita les canons d'Orléans et de Paris; telle était d'ailleurs l'invariable doctrine de l'Eglise; on pouvait rappeler qu'en 527 les Pères du Concile

---

[1] Theiner in Baron., an 566.

de Carpentras suspendirent pour un an, de la célébration des saints mystères, Agrèce, évêque d'Antibes, pour avoir fait deux ordinations irrégulières. En 535, le Concile de Clermont, présidé par Honorat, métropolitain de Bourges, flétrissait l'ingérence du pouvoir royal dans les nominations épiscopales.

« Celui qui désire l'épiscopat sera promu par l'élec-
« tion des clercs et des citoyens ; il n'emploiera pas la
« protection des personnes puissantes, n'usera point
« d'artifices, n'obligera personne, soit par menaces,
« soit par présents, à écrire un décret d'élection ;
« dans le cas contraire, l'aspirant sera privé de la
« communion de l'Eglise dont il aura voulu être
« l'évêque, quand même il en serait digne. »

En 549, un autre Concile de Clermont, présidé par Hésyche, évêque de Vienne, répétait les mêmes condamnations : « Qu'il ne soit permis à personne
« d'acquérir l'épiscopat par des présents; mais qu'avec
« l'agrément du roi, le maître, élu par le clergé et
« le peuple, selon les prescriptions canoniques, soit
« sacré par le métropolitain ou par son délégué,
« assisté des évêques de la Province. »

Les lois étaient formelles, la désobéissance était publique. Emère fut déposé.

A la place de l'intrus, on élut Héracle, prêtre de l'église de Bordeaux, et on lui remit le décret signé par tous, afin qu'il le portât en personne au roi Charibert. En passant à Tours, Héracle raconta ces événements au bienheureux Euphrone, le suppliant d'appuyer de sa signature les actes des suffragants de Bordeaux. L'homme de Dieu refusa, prévoyant le scandale qui allait en résulter. Sitôt qu'il fut arrivé à Paris, le prêtre demanda une audience, et, lorsqu'il se présenta devant le roi, il lui adressa la parole en ces termes : « Je vous salue, roi glorieux ; le Siége « apostolique envoie à Votre Altesse le salut le plus « fécond en prospérités. »

C'était le style du temps. On nommait apostoliques tous les siéges épiscopaux, principalement les métropolitains, et tous les évêques étaient appelés papes. Mais Charibert, feignant de ne pas entendre, dit au prêtre : « Avez-vous été à Rome, pour me saluer de « la part du Pape de cette ville ? » Baronius lisait : « Avez-vous été à Tours ? » et pensé que Grégoire voulait par là donner à sa métropole un titre aussi élevé qu'à celle de Bordeaux, non point à cause d'une origine apostolique, puisque dans ses écrits il ne place qu'au troisième siècle l'épiscopat de saint Gatien, mais parce que le Siége apostolique de Pierre,

en envoyant le pallium aux successeurs de saint Martin, leur avait conféré le titre et l'autorité d'apostoliques. Pures querelles de mots et de préséance! — Le prêtre reprit : « Votre père Léonce et ses compro-
« vinciaux vous saluent et vous font savoir qu'Emule
« a été déposé de l'évêché de Saintes, pour avoir,
« contrairement aux saints canons, employé la bri-
« gue pour y parvenir. Voilà pour quelle raison ils
« vous envoient leur décret, afin que l'on puisse
« mettre quelqu'autre à sa place : qu'ainsi les violateurs des canons soient punis selon les règles, et
« que la puissance de votre royauté mérite bénédic-
« tion céleste et longue durée. »

Pendant ce discours, le roi frémissait de colère; il ordonne qu'Héracle soit ôté de sa présence, jeté sur un chariot d'épines et conduit en exil, disant :
« Penses-tu donc qu'il n'y ait pas un seul des fils de
« Clotaire assez ferme pour maintenir ses ordres et
« capable de souffrir que ces gens déposent sans notre
« jugement un évêque élu par la volonté de notre
« père? » Immédiatement, il confia le soin de rétablir Emère à des hommes religieux, pendant que des officiers de sa chambre se rendaient auprès de Léonce pour lui faire payer une amende de mille pièces d'or. Les autres évêques furent taxés chacun selon ses

facultés; et de la sorte fut vengée l'insulte faite au roi.

Nous avons emprunté ce passage à saint Grégoire de Tours; il y a quelques expressions en défaveur de Léonce que nous tenons à interpréter. L'évêque, le saint même, est toujours homme. Grégoire, d'une famille patricienne d'Auvergne, à la fois alliée et rivale des Apollinaires, prenait part aux luttes qui divisaient sa patrie. Deux raisons surtout l'avaient porté dès son enfance à juger sévèrement les actes des Apollinaires : la jalousie d'une famille supplantée dans le gouvernement de la province, et l'aversion que les récentes trahisons d'Arcade avaient inspirée contre toute sa race. Léonce, en épousant la fille du traître, devait être mal vu des Grégoires et des Georges. Ses vertus, comme celles d'Avite, forçaient bien parfois l'admiration de ses rivaux; mais l'imperfection de la nature humaine savait découvrir aussi quelques motifs de blâme. Aussi ne faudrait-il pas prendre à la lettre les affirmations de saint Grégoire de Tours; saint Euphrone, par son abstention, avait paru blâmer la précipitation du métropolitain de Bordeaux, conduite que son successeur tenait à justifier. Cette époque était si désastreuse pour l'Église, les puissances du siècle étaient si menaçantes, que nous nous abstiendrons de porter un jugement sur des hommes que l'Eglise a honorés du titre de saints.

Que se passa-t-il à ce moment? Léonce voulut-il plaider auprès du roi la cause du droit divin? Les chronologistes, et Baronius en particulier, rapportent à l'année même du synode de Saintes un fait dont les conséquences faillirent être bien graves pour la métropole bordelaise. Pendant que Léonce, sous le coup de la persécution, s'était éloigné de son diocèse, soudain un ambitieux répandit le bruit que l'évêque était mort, et mit tout en œuvre pour se faire élire. Léonce, qui ne savait rien de ces menées, reparut à Bordeaux; la joie fut générale, et le calomniateur dévora sa honte. Le peuple remarqua l'action de la Providence dans ce retour inespéré qui coïncida avec l'anniversaire du sacre de son évêque.

Un poète composa l'hymne suivante[1]; on dit qu'il se nommait Amène; d'autres attribuent cette pièce à Fortunat; mais c'est moins vraisemblable, le poème paraissant éclos au milieu de l'enthousiasme populaire.

[1] Poème attribué à Fortunat ou à Amænus. — Fortun., *Miscell.*, l. I, ch. XVI. — Dans le texte latin, le poème est alphabétique.

Retour de Léonce.

« Que tout siècle connaisse le prélat Léonce, présent que
« le Ciel rend à Bordeaux pour la seconde fois.

« Un traître, à la langue perfide, couvant des desseins
« envieux, répand l'amère nouvelle que l'évêque est dans
« le tombeau.

« Il ne sut point se tenir caché, celui qui raconta ces
« tristes funérailles. Quoiqu'il n'ait point réussi, on a connu
« ses projets insensés.

« Trompé par son art nuisible, il plaint son crime sans
« effet ; car ce qu'il nous préparait de triste s'est changé
« en joie.

« Il a donné le hideux exemple, détestable à jamais, de
« briguer un décret d'élection, du vivant même du prélat.

« Un chaste cœur se gardera de marcher sur ses traces,
« et de prétendre pendant la vie ce qu'il est à peine per-
« mis de faire après la mort.

« Le prêtre qui convoite ainsi l'épiscopat, rabaisse l'or-
« dre tout entier ; mais celui qui se conforme aux préceptes
« fuit l'ambition.

« Que celui qui mérite un tel honneur y soit élevé mal-
« gré lui ! qu'il ne demande point, mais qu'il reçoive de la
« main du Christ.

« Il est insensé, celui qui prétend gouverner l'Eglise ;
« royauté sacrée ! l'élection divine y appelle.

« Le cher prêtre Hilaire n'envia pas la crosse ; Martin la
« refusa. Grégoire à peine osa la recevoir.

« Les lois condamnent la brigue. Tout intrus doit être
« chassé ; oh ! que l'Eglise évite un crime qui fait horreur
« au prétoire !

« C'était une mauvaise conquête que celle d'un siége
« auquel on n'a nul droit. Ce qu'on ne désire pas souffrir,
« que l'on se garde de le faire souffrir à d'autres !

« Mais cette rumeur ne dura pas longtemps. Pendant
« qu'on cherche un successeur, le prêtre qu'on disait mort
« revient.

« C'est aux prières du peuple que l'on doit son retour,
« auquel on ne peut croire. Les joies qui nous viennent par
« la tristesse sont mieux senties.

« Quel enthousiasme dans la ville ! joie et bonheur lui
« sont rendus ; elle est aux petits soins pour le Père qu'elle
« avait pleuré.

« On ne pouvait s'imaginer que ce fût bien lui ; et ce-
« pendant tous les vœux avaient demandé ce bonheur.
« Quand un miracle nous arrive, nos yeux le contem-
« plent stupéfaits.

« Le pasteur rassemble son troupeau, qu'on voulait dé-
« tourner de la route ; à la voie connue du berger, tout le
« bercail s'est réjoui.

« Au même jour qu'il avait pris la houlette, il rentra
« dans sa bergerie ; qui ne reconnaîtra point l'œuvre d'en
« haut ?

« Mais il n'était pas autant précieux à son peuple le jour
« de son élection ; aussi la joie fut-elle double le jour que
« l'on recouvra le Pontife.

« Venez, peuples, applaudissez ; formez de nouveaux

« vœux. Un miracle s'est fait pour nous, présage que le
« Ciel nous le conservera.

« Que le Christ l'environne de sa lumière sereine, ce
« prélat qu'il nous a rendu ! Qu'une triple grâce le gran-
« disse à nos yeux, mérites, longue vie et triomphe.

« Chantez l'hymne de la reconnaissance, vous tous qui
« n'êtes point jaloux ! Louange à Dieu, qui retire notre
« Pontife du gouffre de la mort !

« A notre cœur fidèle, dévoué, il n'en coûte point de
« dire la vérité.

« Petit poëme, sois notre hommage envers le très-noble
« pape Léonce. »

Léonce, de retour à Bordeaux, concentra toute son activité dans ses œuvres diocésaines. Pendant cinq années il parcourut ses campagnes chéries, mettant la dernière main aux églises nouvelles qui devaient faire bénir son nom à travers les âges. Jeune encore, il avait le pressentiment de sa fin prochaine, et se multipliait afin de laisser complète à son successeur l'organisation du service paroissial.

La mort, d'ailleurs, frappait à ses côtés, comme pour l'inviter à se préparer lui-même. Dans les années qui suivirent le Concile de Saintes mourut l'un de ses intrépides collaborateurs, saint Piens de Poitiers : il avait gouverné cette église dans les circonstances les plus difficiles, au milieu des orages soulevés par Chramme, fils de Clotaire, qui, plusieurs fois, attira sur le Poitou la colère du roi des Francs. Austrape, l'un des généraux de Clotaire, ayant été vaincu par Chramme, dut son salut à la protection de saint Martin de Tours, dont le tombeau glorieux lui avait servi d'asile. Par reconnaissance, il pria le roi de consentir à son éloignement de la cour, et il se retira au château de Selle en Poitou, où saint Piens lui conféra les saints Ordres [1]. Or, son œil n'était pas aussi pur que l'exigeait son nouvel état; il convoitait le siége du saint. Mais, après la mort de Clotaire, le roi Charibert en décida autrement : car, saint Piens étant sorti de ce monde pour entrer dans la gloire éternelle, le roi se hâta de faire ordonner, à Paris, Pascence, abbé de la basilique de Saint-Hilaire. En vain Austrape réclama, disant que cette haute dignité lui était due : ses cris furent inutiles.

Il rentra dans son château ; mais les Theifales, peuplade barbare qui s'était cantonnée à l'endroit de leur nom appelé Tiffauges, entre Clisson et Mortagne, sur les bords de la Sèvre, se révoltèrent contre ses exactions, et il périt cruellement percé d'un coup de lance (vers 564).

[1] Greg. Tur., *Hist. Franc.*, l. IV, c. xviii, p. 284.

Emère ne jouit pas longtemps de l'honneur usurpé. Dès l'année 565, les Catalogues nous montrent à sa place l'élu de Léonce, l'exilé de Charibert, cet Héracle qui avait été chargé de porter au roi le décret du Concile de Saintes. Cependant Emère avait essayé se faire pardonner sa faute, par son zèle pour l'embellissement de son diocèse. Il releva de ses ruines la basilique de Saint-Eutrope, premier évêque de Saintes ; mais, comme ses richesses étaient loin d'égaler celles du métropolitain, il eut recours à sa bienfaisance. Léonce avait tout oublié, et fit pour Saintes comme pour Bordeaux et pour Agen. Non-seulement il répara la basilique de Saint-Eutrope, mais aussi celle de Saint-Vivien, et bâtit un temple à saint Nazaire, dont la translation récente était un événement pour l'église de Nantes. Bientôt Fortunat chantera tous ces pieux travaux.

Voyage de Fortunat en Aquitaine.
(L'an 567 et les années suivantes).

Saint Léonce le Jeune était occupé à bâtir un temple à saint Martin, le thaumaturge des Gaules, lorsqu'on lui annonça la visite d'un poète italien qui consacrait sa lyre à chanter la gloire de l'évêque de Tours.

Venance-Honoré-Clémentin Fortunat [1], né dans la campagne de Trévise, vers l'an 530, en une bourgade qu'il appelle *Duplavenis*, et qu'on croit être *Val de Biadene*, se livra de bonne heure à l'étude. S'il avait suivi le conseil de Paul, évêque d'Aquilée, il se fût enfermé dans le cloître au milieu des livres; mais il sentait le besoin d'une vie extérieure, toute de mouvement et d'émotions. Il se rendit à Ravenne, siége de l'empire d'Orient depuis Honorius, et du royaume des Goths depuis la chute de l'empire romain; il y étudia les arts libéraux, surtout la grammaire, la rhétorique et la poésie. Sa carrière faillit être brisée prématurément par l'excès du travail; ses yeux fatigués s'affaiblirent : il dut renoncer à l'étude et faire diversion à sa précoce cécité en causant littérature avec son ami Félix, affligé de la même maladie. Dans leur douleur, ils s'adressèrent à saint Martin, et, s'étant rendus dans la basilique des saints martyrs Jean et Paul, ils se mouillèrent les yeux avec l'huile de la lampe qui brûle nuit et jour devant le portrait du saint évêque. Ils furent guéris et promi-

---

[1] Ex Fortunato passim.

rent de visiter son tombeau. Venance avait en même temps conçu le plan d'un vaste poëme où serait chantée la vie de saint Martin ; c'est pourquoi, se détournant de la route directe, il prit le chemin de la Pannonie, berceau du saint. Ce départ eut lieu vers 564 ou 565. Il visita la Pannonie, la Germanie, et arriva à la cour d'Austrasie en 566, quelque temps avant le mariage du roi Sigebert, fils de Clotaire, avec Brunehaut, fille d'Athanagilde, roi des Visigoths d'Espagne. Il chanta l'hymen des deux jeunes époux et fut considéré à la cour, ce qui lui facilita ses recherches dans le pays de Trèves, illustré par les miracles de son puissant protecteur. Vers la fin de la même année, Sigebert périssait assassiné par Frédegonde, et Fortunat, déplorant la perte du meilleur roi de ces temps barbares, se rendit au tombeau de saint Martin, à Tours, et résolut de parcourir toute l'Aquitaine, principal théâtre des prédications du grand apôtre des Gaules. En 567, il se trouvait à Poitiers, lorsque Galswinte, sœur de Brunehaut, passa par cette ville pour se rendre auprès de son fiancé Chilpéric, frère de Sigebert. Félix, qui avait suivi son ami jusqu'à l'accomplissement de leur vœu, retourna dans sa patrie, et plus tard devint évêque de Trévise.

Fortunat, ordonné prêtre par l'évêque de Poitiers, continua sa pieuse entreprise. Il se dirigea vers le Sud en suivant la grande voie qui, par Angoulême et Bordeaux, gagne les Pyrénées : en mettant le pied sur le territoire vivisque, on lui apprit que Saint Léonce se trouvait alors tout près de lui, et ouvrait au culte un temple magnifique, dédié à la gloire de celui pour lequel il travaillait lui-même.

Fortunat se rendit auprès du métropolitain de Bordeaux, et le remercia chaleureusement au nom de l'évêque de Tours; mais, lorsqu'il eut admiré la basilique pour laquelle l'art et la nature avaient prodigué leurs magnificences, il ne put retenir son admiration et la traduisit dans sa langue imagée.

Sur une basilique de Saint-Martin.

« Celui qui désire être le cohéritier des Bienheureux dans l'éternel séjour, leur voue pieusement ici-bas une part de son patrimoine, et ne saurait différer longtemps l'exécution de sa promesse, car il compte au nombre des meilleurs revenus les biens dont il fait l'offrande.

« C'est pourquoi Léonce a fondé sur ses terres un saint édifice, œuvre de piété qui lui ouvrira les cieux.

« Ce temple tire son éclat des mérites et du nom de Martin; de ce saint qui, sur terre, disposait d'un céleste pouvoir : car le baume de ses baisers guérissait les taches de la lèpre, et son attachement pour la paix chassait au loin la peste des combats.

« Quel est l'art, quel est le génie qui a bâti ce chef-d'œuvre ? Gloire et louange furent-ils jamais un mobile assez puissant pour enfanter rien de plus exquis ?

« Puis, quel charme dans le site ! Dominant la campagne, la colline s'élève et se dresse en tertre élancé. Assise sur la haute crête, l'église règne sur tous les environs, et de toutes parts contemple les délices du paysage. De loin, il semble qu'elle vient à notre rencontre; l'œil la croirait voisine; on la touche du regard, on ne calcule pas la distance. Le voyageur fatigué, entraîné par le spectacle qui l'invite, malgré son pied défaillant, marche attiré par tant de splendeur.

« Les voiles de la coupole sacrée furent offerts par Placidine : lutte sans trêve entre les époux, l'un fonde, l'autre embellit [1]. »

Quelle est cette basilique de Saint-Martin ? Le *Dictionnaire hagiographique* de Migne croit qu'il s'agit de Saint-Martin de Tours : cette opinion, soutenue peut-être par quelques autres auteurs, est moins générale que celle qui attribue cette église au diocèse de Bordeaux. Mais, parmi nos soixante églises qui ont ce grand saint pour titulaire, quelle est celle qui se reconnaîtra dans la description de Fortunat ? Quel

[1] Fortunat, *Miscell.*, l. I, c. VI.

est ce tertre qui domine tout le pays d'alentour et dont l'œil ne peut se détacher? Nous n'osons avancer aucun nom, mais nous désirerions que cette question fût soumise à une étude sérieuse. Voici la liste de nos anciennes paroisses dédiées à saint Martin : plusieurs d'entre elles semblent réunir les conditions pittoresques dépeintes par le poète.

A Bordeaux : Chapelle Saint-Martin, près Saint-Seurin.

Dans l'archiprêtré de Lesparre : Prignac, Talais, Cadournes, Conquêques, Ordonnac, Potensac, Boyentran, Pauillac.

Dans l'archiprêtré de Moulis : Carcans, Listrac, Soussans, La Barde, Ludon, Blanquefort, Eyzines.

Dans l'archiprêtré de Cernès : Balizac, Bommes, Villandrant, Cerons, Guillos, Castres, Villenave, Pessac, Léognan, Landiras, Cabanac.

Dans l'archiprêtré de Buch et Born : Vignac, Ponteins, Mios, Biscarosse.

Dans l'archiprêtré de Bénauges : Cadillac, Arbits, Villenave, Haux, Cambes, Semens, Graoux, Lados.

Dans l'archiprêtré d'Entre-deux-Mers : Génissac, Montussan, Sadirac, Camiac, Bonnetan, Carignan, Izon, Lormont, Le Poult, Beychac, Nérijean.

Dans l'archiprêtré d'Entre-Dordogne : Gardegan, Sablon, Montagne.

Dans l'archiprêtré de Fronsac : Fronsac, Maransin, Tarnez, Saint-Martin-du-Bois, Saint-Martin-de-Laye.

Dans l'archiprêtré de Bourg : Aubié, Cubnezay, Samonac, Peujard.

Dans l'archiprêtré de Blaye : Cartelègue, La Caussade, Fours.

Il est même assez croyable qu'à l'époque de saint Léonce il se construisit dans notre diocèse plus d'une église en l'honneur de saint Martin. Le commentateur de Fortunat croit que les vers qui font allusion à deux miracles de saint Martin furent inspirés par deux tableaux qui décoraient les murs de la basilique.

Sulpice Sévère, dans sa *Vie de saint Martin*, raconte au chapitre XIX que le saint, entrant à Paris, vit venir à lui un lépreux horriblement défiguré, et le guérit par un baiser. L'autre tableau aurait représenté le thaumaturge à la cour de Maxime, plaidant pour la vie des priscillianistes, tout en abhorrant leurs doctrines.

Les voiles donnés par Placidine, *sacris ornavit culmina velis*, font sans doute allusion à cette tente d'étoffe que l'on dressait au-dessus de l'autel, tente réclamée par la liturgie romaine, qui condamne nos autels sans abri, et n'approuve qu'à demi ces baldaquins de métal ou de bois, squelettes dénudés, si communs encore dans le style de la Renaissance.

On n'était pas loin de Saint-Denis-de-Piles; Léonce y conduisit Fortunat, et lui raconta comment l'héritier d'Ameille avait remplacé la petite chapelle par une admirable basilique, sans que le service divin fût jamais interrompu. Nous ne transcrirons pas de nouveau le poème que le prêtre de Poitiers composa à cette occasion : nous traduirons simplement huit vers que nous n'avons pas encore communiqués au lecteur, et qui nous paraissent eux aussi contenir la description d'un tableau.

« Affermi par la ferveur de sa foi, par son amour du Christ, Denis tendit la tête à la hache du bourreau. Désireux de la couronne, il méprisait ses membres, et comptait pour rien toutes choses en dehors de l'amour de Dieu. Pour que sa chair mortelle lui préparât l'immortalité, il aima les blessures, il chérit la mort, et, se jetant au-devant du glaive ennemi, il conquit le ciel. C'est ainsi qu'il voulut mourir; c'est ainsi que ses vœux salutaires furent comblés. »

Notre diocèse ne possède, comme il a été dit, que

deux églises de Saint-Denis, celle dont nous parlons et celle du canton de Brame.

Saint Léonce devait partir pour Agen : la basilique de Saint-Vincent était presque achevée : il invita son hôte à le suivre. De là, Fortunat pouvait gagner l'Espagne par la voie d'Auch et de Comminges : c'était un peu plus long ; mais on était aux beaux jours.

On ne s'arrêta qu'un instant à Bordeaux, et la marée montante emporta la barque de Léonce vers les Nitiobriges : on salua ces riches coteaux de la rive droite, Bouillac, où dorment deux saints prêtres dont le nom s'est perdu dans la nuit du passé; Vérège, avec sa villa charmante ; Rions, où l'arianisme avait été vaincu par la sainte ruse du prêtre catholique; Sainte-Croix-du-Mont, digne de rappeler le triomphe de Constantin.

Se détournant alors vers l'autre rive, l'évêque montra ce Preignac qu'il aimait tant : « A votre retour, « lui dit-il, ayez ce soin de visiter ma villa; je l'aime « par-dessus toutes les autres. » On salua Langon, et cette église que le poète sacré de l'Aquitaine, le consul Paulin, l'ami de Delphin, l'évêque de Nole, avait fait bâtir.

Pouvait-on ne pas s'arrêter un instant sur la rive opposée? Là, sous l'autel de la basilique de Saint-Sauveur, en l'oppidum de Ligena, dormait un disciple de saint Martin, un évêque apôtre, qui, chassé par la persécution du siége de Lyon (*Lugdunum Convenarum* sans doute, ou Comminges), avait semé la bonne semence dans la Novempopulanie et chez les Aquitains. C'était Macaire, dont les cendres furent portées, dans la suite, dans l'église de Saint-André de Bordeaux. Plus loin parut le coteau de Squirs (l'Equerre, la Règle), la Réole : on disait qu'une sœur de sainte Quitterie et de sainte Baseille y avait passé les longs jours d'une vie sans tache, enfermée dans une petite cellule que l'on montrait avec vénération. A l'entrée de la région nitiobrige, s'élevait la basilique de la jeune martyre Bazeille; neuf sources vives avaient jailli du sol sur lequel sa tête avait roulé.

Enfin les rameurs signalèrent la cité d'Agen, la capitale des Nitiobriges; sur une éminence se dressait un vaste temple aux proportions grandioses; ses murailles avaient vécu des siècles, on en reconnaissait les ruines à la couleur foncée des pierres; mais ces ruines réparées ne donnaient que plus d'éclat à la blancheur des réparations récentes : un toit étincelant couronnait l'édifice. L'évêque de Bordeaux raconte au poète la passion de saint Vincent, diacre de la sainte église d'Agen. Ce récit, auquel les âges pouvaient bien avoir ajouté quelques circonstances, était dans toutes les bouches, comme nous l'apprend Grégoire de Tours, au Ier livre des *Miracles*, ch. cv. Il n'entre dans notre plan, ni de le reproduire en entier, ni d'en discuter l'authenticité; il nous suffit de faire remarquer la parfaite concordance des principaux traits avec le texte de Fortunat, dont l'authenticité n'est pas douteuse.

Sur le territoire d'Agen[1], dans la région des Némètes, s'élevait aux temps païens un temple renommé par les prodiges qu'y multipliait le démon. Vincent arrêta les manifestations diaboliques par le signe de la croix. Le gouverneur fit saisir Vincent, qui se contenta de déclarer son nom et sa religion, sans vouloir répondre davantage aux nombreuses questions qu'on lui adressait. Se croyant moqué, le gouverneur fit fouetter le saint jusqu'à ce que sa chair volât en lam-

---

[1] Barthélemy, *Vie des Saints de France*, 3e année, p. 298.

beaux; et comme Vincent persistait dans la confession ferme de la foi, on lui trancha la tête. Pendant plus de cent cinquante ans, le corps du saint martyr demeura caché dans la sépulture où les chrétiens l'avaient déposé. La rage des persécuteurs avait été si violente que la tradition s'était rompue, lorsque le saint, apparaissant à un fervent chrétien, lui révèle le lieu où il repose et l'endroit où Dieu demande qu'il soit honoré. Ce lieu, nommé Pompéjac, était situé à cinq milles de Némète[1]. — Les membres du bienheureux Vincent, l'athlète du Christ, une fois tirés de la terre, sont portés par les fidèles au lieu choisi par lui-même dans sa révélation, et placés respectueusement dans un tombeau à Pompéjac. Cependant la bonté divine voulut bien que les bienfaits du martyr ne fissent défaut ni à l'un ni à l'autre lieu; l'un fut doté de la présence de son précieux corps, l'autre demeura illustre par ses miracles et ses vertus. La Providence divine, attentive aux besoins des hommes, a voulu que les membres de ce bienheureux martyr fussent placés à Pompéjac, afin d'accorder des

---

[1] Le traducteur a cru pouvoir traduire Nemetum par *Nimes*. Il semble qu'on devrait avoir plus d'égard aux pièces officielles, dût-on expliquer à part les désignations géographiques en litige.

faveurs insignes aux habitants de ce lieu, en les rendant possesseurs d'un tombeau aussi saint.

Le Bréviaire d'Agen (édition de 1673) ajoute que Vincent, d'abord diacre de saint Caprais, gouverna quelque temps le diocèse d'Agen après la mort du premier évêque, qu'il habita la colline d'où Caprais avait fait jaillir une source d'eau vive, et que, martyr lui-même, il fut d'abord enseveli près des tombeaux de saint Caprais et de sainte Foy, situés hors des murailles; qu'un peu plus tard on transféra ses reliques sur le sommet de la montagne voisine, et qu'enfin on fit construire dans l'enceinte même de la ville un riche mausolée pour rendre au martyr tous les honneurs qui lui sont dus.

Ainsi, il y avait au moins deux basiliques dédiées à saint Vincent dans la cité ou dans les faubourgs d'Agen, l'une sur le tombeau primitif, l'autre sur le tombeau plus riche où ses reliques avaient été solennellement transportées. Fortunat consacre deux petits poèmes à la gloire de saint Vincent : dans chacun il s'agit d'une église à laquelle a contribué Léonce. L'un a pour titre : *Sur la basilique de Saint-Vincent-sur-Garonne*; l'autre : *Sur la basilique de Saint-Vincent de Vernemetis*. S'agit-il de la même église? s'agit-il de deux églises différentes? Avant de trancher la difficulté, nous allons traduire ces deux poèmes, en nous astreignant au mot à mot chaque fois que les expressions du poète seront de nature à fournir une indication géographique.

Sur la basilique de Saint-Vincent-sur-Garonne [1].

« Quoique le temps d'une vie ait été court, les mérites en prolongent la durée; la foi par ses honneurs éternise des jours subitement tranchés; tout est fini; mais l'âme qui s'est attachée au Christ vivra éternellement; car, fuyant le tumulte du monde, elle va s'unir à l'immuabilité de Dieu.

« C'est donc sur Dieu que Vincent s'est appuyé; il vit à travers les âges; la gloire de son martyre est verdoyante de vigueur. La tête sous la hache, il meurt et triomphe; le nouveau fils du ciel s'est envolé loin de la terre. L'ennemi croyant donner au saint le trépas, lui donne la gloire; en le frappant, il s'est plongé lui-même plus avant dans l'éternelle nuit. L'infortuné! il gagnait la victoire, s'il n'avait pu l'égorger; car, en lui tranchant la tête, il lui a conquis le ciel.

« Par un nouvel acte d'amour, Léonce, accomplissant une pieuse promesse, a recouvert d'un toit d'étain le lieu où dorment les membres sacrés. Et quoique les prodiges soient le plus bel éclat de ce temple vénérable, néanmoins l'offrande du prélat ajoute un nouveau lustre.

[1] Fortunat, *Miscell.*, l. I, c. VIII.

« Que l'ouvrier reçoive en récompense une santé durable, afin que, par ses soins, les édifices sacrés redeviennent resplendissants. »

Sur la basilique de Saint-Vincent de Vernemetis.

« Le monde entier a retenti de la renommée de l'adorateur du Très-Haut; il n'est aucun lieu que sa gloire magnifique ait trouvé rebelle. Oui, celui dont les mérites, ainsi que nous le savons, ont éclaté dans l'univers, celui-là est digne qu'en tous lieux s'élèvent des temples en son honneur.

« Aussi, comme il brille le palais du grand Vincent, aujourd'hui habitant du ciel! par le droit du martyre! Obéissant à son pieux amour, le pape Léonce s'empressa jadis d'en jeter les fondements inébranlables dans ce lieu choisi que l'antiquité voulut nommer *Vernemetis*, qui, dans la langue du gaulois, signifie le *Grand Temple*. Longtemps avant, ce nom présageait à la foi future que là, un jour, une *haute demeure* s'élèverait en l'honneur de Dieu. C'est là aussi que le saint, glorifié par le Seigneur, a donné des signes irrécusables de sa vertu puissante; alors que le prélat consacrait, selon l'usage, le temple du Très-Haut, le démon furieux s'enfuit à l'arrivée du martyr. Un homme en proie à sa malignité dans l'un de ses membres retrouve la santé; il a vu le temple de celui qui est plein de pitié : ce regard a été le remède à ses maux.

« Quel éclat, quelle sérénité divine, quelle majesté dans cette *royale demeure!* Vraiment Dieu doit aimer à habiter ici! Le martyr appelle les peuples à son tombeau tout à la fois par l'éclat de sa puissance et par les charmes du lieu sacré.

« Toi qui sais enflammer le peuple d'ardeur pour les choses saintes, ô toi le fondateur de ce *temple vénérable*, tu moissonnes et tu moissonneras la juste récompense de tes bienfaits. »

L'attention doit principalement se fixer sur les vers suivants :

> *Leontius...*
> Quo *sacra membra jacent* stannea tecta dedit.

« Léonce a donné une toiture d'étain au temple qui abrite les membres sacrés de Vincent. »

Fortunat parle au présent ; donc, il parle du temple qui renfermait le tombeau du saint au moment de la visite.

Dans la première pièce, il n'est question que du toit d'étain, d'un ornement *ajouté* par Léonce, pour rehausser l'éclat d'un temple *vénérable par ses mérites éclatants*, ou *par les mérites éclatants du saint patron*.

> Et, licet eniteat meritis venerabile templum,
> Attamen ornatum præbuit iste suum.

Dans la seconde pièce, Léonce a fait plus : il a *fondé*, et fondé *jadis* : si bien, que l'on s'est demandé s'il s'agissait de Léonce I ou de Léonce II ; mais

Fortunat pouvait fort bien appliquer le *jadis* aux premières années de Léonce, qui fut évêque près de vingt-quatre ans. Le poète paraît même insinuer que Léonce eut à faire déblayer le plateau qui devait porter la construction; mais comme les mots ne sont pas très-clairs, il vaut mieux ne pas s'appesantir.

>Quæ (templa) Leontius olim
>*Condidit*, eximie consolidata loco.....

Dans l'avant-dernier vers, Léonce est de nouveau traité de fondateur, *conditor*. De plus, le prélat fait la dédicace du temple, *de more dicavit*; donc, il y avait plus qu'une simple réparation. On ne dédie pas ce qui est déjà dédié. Il semblerait par là que le temple de la seconde pièce est différent de celui de la première.

Enfin, le corps du martyr était absent pendant les travaux : on ne l'apporta que le jour de la dédicace : *Martyris adventu*. Donc, si la seconde pièce est postérieure en date, il s'agit d'un autre temple que celui dont parle la première.

Faut-il renverser l'ordre des poëmes, et dire que le second a été composé avant le premier? Mais il n'est pas à croire que Léonce ait dédié son œuvre avant de l'avoir achevée; puis, la première pièce parle non d'une construction complète, mais du simple don d'un toit de métal. Il est vrai que le corps du martyr dormait dans ce temple : il ne peut se trouver en deux temples à la fois : donc, le mieux est de supposer que les pièces sont bien à leurs dates; que, dans une première visite à Agen, Fortunat vit le toit d'étain dont Saint Léonce venait de recouvrir *l'ancienne* basilique de Saint-Vincent; et que, dans une seconde visite, il eut le bonheur d'assister à la dédicace de la basilique *nouvelle*, où l'on transporta les reliques du martyr.

Les *Actes* du martyre de saint Vincent parlent peut-être de cette translation faite par Saint Léonce : *Exinde maioris honoris causa in urbem illata, et extructa Ecclesia dignatius sunt collocata.*

Mais il vaut mieux confier aux savants agenais ces intéressantes recherches de l'agiographie locale.

Vient naturellement une question qui ne paraît pas résolue chez nos érudits bordelais, et sur laquelle hésitent les savants d'Agen, notamment l'abbé Barrère, l'homme le mieux instruit des antiquités sacrées de son pays.

La seconde pièce nomme *Vernemetis* le temple bâti dans son entier par Saint Léonce. L'étymologie gauloise de ce mot est donnée par Fortunat : tous les commentateurs ont cité ce vers :

Quod quasi fanum ingens gallica lingua refert.

« C'est comme si en gaulois on disait le *temple grand*. »

Personne, que nous sachions, n'a fait remarquer le vers suivant, où la même étymologie est répétée sous une autre forme.

Ut modo celsa domus staret honore Dei.

« Un jour, une *haute maison* s'y dresserait en l'honneur de Dieu. »

N'est-ce pas encore comme une nuance de la même idée traduite un peu plus loin ?

Emicat aula potens.

« Cette *cour* (royale) *puissante* resplendit ou se dresse. »

Le verbe latin a les deux sens.

Rien de semblable ne se remarque dans le poème précédent.

Ce nom de *Vernemetis* était depuis longtemps le nom du lieu, nom prophétique, dit Fortunat. Il ne suppose pas que ce nom soit un reste du passé; pourtant tout nom de lieu a ses raisons d'être, et, de même que plusieurs lieux, déserts aujourd'hui, rappellent

des constructions disparues : *la Chapelle, le Temple, l'Hôpital;* de même, si *Vernemetis* signifiait le *Grand Temple,* c'est qu'aux temps antiques un grand temple était situé sur l'emplacement qu'au sixième siècle Léonce trouva désert. Ainsi les *Actes* sont dans le vrai lorsqu'ils attribuent ce vieux temple au culte païen ; ces *Actes* furent écrits à une époque où les ruines se voyaient encore : « Nous en avons la preuve
« et dans ce temple du démon aujourd'hui renversé,
« et dans le temple plus somptueux bâti en l'honneur
« du martyr. »

On voit par là que les *Actes* ne balancent pas à placer *Vernemetis* dans les environs d'Agen. « *In Aginnensis urbis territorio..., in regione Nemetensium,* ailleurs *Vernemetensium.* » Plus loin, le nouveau tombeau du saint est placé à *Pompéjac, à cinq milles de Nemetum;* or l'église qui se glorifiait de posséder ce tombeau, c'est Saint-Vincent d'Agen ; donc, les *Actes* autorisent à placer *Vernemetis* dans un rayon de cinq milles autour de Saint-Vincent d'Agen.

Le traducteur des *Actes,* qui a placé *Vernemetis* à Mezin, en se fondant sur un rapport de consonnance, a trop éloigné l'ancien temple : l'erreur est au moins de trois lieues.

Fortunat ne donne pas d'autre indication géographique que la présence même du tombeau : saint Vincent repose au lieu même de *Vernemetis*. Il y a contradiction entre ce texte et celui des *Actes* : à moins d'admettre qu'avant Saint Léonce le corps du saint reposât dans une église située à Pompéjac, et éloignée de cinq milles de *Vernemetis :* ce serait la basilique décorée par Saint Léonce d'un toit d'étain ; — et que saint Léonce fit bâtir un nouveau temple sur l'emplacement de *Vernemetis* pour transférer les reliques du saint diacre sur le lieu même de son martyre.

Le traducteur des *Actes* a de plus traduit *Nemetum* par *Nîmes :* cela devient une erreur, puisque les *Actes* ne supposent pas que les reliques du martyr aient quitté le sol agenais, où de tout temps la tradition leur a rendu hommage.

On trouvera cette discussion fastidieuse; mais il importait de fixer d'abord l'interprétation du texte de Fortunat et des *Actes* de saint Vincent d'Agen. Il nous sera désormais facile de juger les opinions diverses qui se sont produites sur *Vernemetis*.

Le commentateur de Fortunat croit que le premier poëme se rapporte à l'église Saint-Vincent de Pompéjac. Arrivé au mot *Vernemetis*, il dit : « Quoique « nous ignorions où était ce lieu que le peuple « appelait Vernemetis, nous croyons volontiers qu'il

« était situé quelque part dans le territoire bordelais,
« et qu'il fut remarquable à la fois par la beauté du
« paysage, et la solennité religieuse, et le concours
« des peuples. Il paraît, en effet, appartenir au dio-
« cèse de Léonce, qui avait déployé tant de munifi-
« cence pour bâtir et décorer Saint-Vincent d'Agen. »
Certes, nous serions très-heureux de pouvoir affirmer
que *Vernemetis* était une terre bordelaise ; mais, malgré tout l'amour que nous avons pour notre patrie,
nous ne voudrions pas lui attribuer le moindre honneur qui portât atteinte à la vérité. Faut-il donc con-
damner Brower, éditeur de Fortunat au seizième
siècle, qui paraît porté à croire que *Vernemetis* n'était
pas fort éloigné de Bordeaux ; Haute-Serre, qui le
place dans le pays bordelais (*Rerum Aquitan.*, l. II,
p. 162) ; Vinet, qui, dans ses *Antiquités de Bourdeaux*,
soupçonne que le lieu qui portait la dénomination
de *Veyrines* pourrait représenter *Vernemetis*, « attendu
« que le lieu de *Veyrines* est situé dans la paroisse
« de Mérignac, qui est érigée sous l'invocation de
« saint Vincent ; » Dom Devienne, l'historien de Bordeaux, qui, sans dire un seul mot de *Vernemetis*, ni
dans le discours préliminaire, ni dans la préface,
l'inscrit sur son plan de manière à faire penser qu'il
regarde Sainte-Croix-hors-des-Murs comme l'empla-

cement du vieux temple ; Baurein, qui, admettant en principe l'opinion de Brower et de Haute-Serre, combat les attributions locales de Vinet et de Dom Devienne, et n'en reste pas moins dans le vague, tout en plaidant pour Preignac? « Il faut en convenir, il
« paroit assez difficile de découvrir la situation pré-
« cise de cet ancien monument[1]. Il ne reste rien, ni
« dans la tradition, ni dans le langage, qui puisse
« nous fixer à cet égard. Les désolations que le pays
« bordelois a éprouvées en tant de rencontres, ont in-
« tercepté les traditions locales, & le laps du temps
« a fait entièrement disparoître les ruines de cet an-
« cien édifice. Il semble néanmoins que nous som-
« mes portés à croire qu'il pouvoit être placé dans
« l'étendue de l'archiprêtré de Cernès..... Le temple,
« appelé *Vernemetis*, fut, dans la suite, consacré à
« Dieu par l'évêque Léonce, sous l'invocation de
« saint Vincent, ainsi que nous l'apprend Fortunat :
« or, c'étoit dans la contrée du Cernès que l'évêque
« Léonce avoit des possessions considérables; à Prei-
« gnac, en d'autres lieux, dont l'églif   érigée sous
« l'invocation de saint Vincent; ce n'est pas que
« nous prétendions que l'église actuelle de Preignac

---

[1] Baurein, *Variétés bordeloises*, t. V, p. 230, 241 et 278.

« soit la même que le temple appelé *Vernemetis*,
« La contrée du Cernès a éprouvé trop de désolations
« pour que ce temple se soit conservé jusqu'à nos
« jours; mais, soit que ce fût dans Preignac ou Bar-
« sac, paroisses voisines & contiguës, que fut érigé
« le temple de *Vernemetis*, il est certain que ces deux
« églises sont consacrées sous l'invocation de ce saint
« martyr.

« Fortunat nous apprend que le temple de *Verne-
« metis* ne fut pas plutôt mis sous la protection de
« saint Vincent, qu'il s'y opéra une guérison mira-
« culeuse. Ce fut sans doute l'impression qu'elle fit
« sur les esprits qui a occasionné la dédicace de plu-
« sieurs églises de cette contrée sous l'invocation de
« ce saint. On croit pouvoir observer qu'il n'y a point
« d'archiprêtré dans ce diocèse où il y ait plus d'égli-
« ses sous la protection de ce saint martyr que dans
« l'archiprêtré de Cernès. Indépendamment de celles
« de Preignac & de Barsac, dont on a parlé, on y
« trouve celles de Noalhan, de Podensac, de Portets
« & de Canéjan; au lieu que dans les neuf autres
« archiprêtrés, il n'en existe en tout que neuf. Aussi
« est-ce une des raisons qui nous ont déterminé à
« placer dans l'étendue de l'archiprêtré de Cernès
« l'ancienne basilique de Saint-Vincent de *Verneme-*

« *tis*. Nous nous abstenons d'en indiquer le local, la
« chose n'étant pas en notre pouvoir, etc..... »

Le même auteur dit encore à la page 248 du même
volume : « C'est dans l'étendue de ces deux paroisses
« (Preignac et Barsac) que nous soupçonnons que
« pourroit être située l'ancienne basilique de *Saint-*
« *Vincent de Vernemetis*, dont nous avons eu occa-
« cation de parler..... les deux paroisses étant éri-
« gées sous l'invocation du même saint titulaire, qui
« étoit, ainsi qu'il paroît, en grande vénération dans
« ce lieu. Si on parvenoit à en découvrir l'ancien
« local dans cette étendue, ce qui ne seroit pas im-
« possible....., c'est pour lors que les conjectures qu'on
« vient d'exposer se trouveroient exactement vraies. »

Nous devons savoir gré à nos laborieux devanciers,
quand même leurs recherches sont demeurées infruc-
tueuses. Le pouillé du diocèse de Bordeaux était à
faire au siècle dernier ; il n'est pas encore fait en l'an
de grâce 1869 ; quand le sera-t-il ?..... Un coup d'œil
jeté sur ce pouillé eût suffi à l'œil expert de Beau-
rein pour détourner son attention autre part. Ce n'est
point saint Vincent d'Agen qu'honorent Preignac et
Barsac, mais bien saint Vincent, premier évêque de
Dax, et martyr aux premiers siècles de l'Église, aux
temps apostoliques sans doute. Les autres paroisses

honorent ce même saint, ou saint Vincent de Saragosse ; on peut s'en assurer en s'informant du jour de la fête patronale :

Saint Vincent de Dax ou de Saintes, 1ᵉʳ septembre.
Saint Vincent de Saragosse, 22 janvier.
Saint Vincent d'Agen, 9 juin.

Par conséquent Baurein n'avait pas le droit de conclure, du moins en ce qui concerne Preignac et Barsac, à moins de reproduire l'observation de dom Ruinart : « Le culte de saint Vincent de Saragosse « prit dans la Gaule une grande extension, depuis « que les fils de Clovis eurent apporté d'Espagne les « reliques de ce diacre martyr. Plusieurs basiliques, « qui aujourd'hui vénèrent pour patron Vincent de « Saragosse, avaient été primitivement consacrées « sous le vocable de saint Vincent d'Agen [1]. » Tillemont et Luchi sont du même avis. Mais Preignac et Barsac n'honorent point saint Vincent de Saragosse ; il faudrait donc faire connaître pour quelle raison le culte du martyr de Dax aurait été substitué à celui du diacre d'Agen. Si Preignac et Barsac étaient situés en Bazadais, c'est-à-dire en Gascogne, la réponse serait facile : Dax étant de la Novempopulanie, et hono-

[1] Ruinart in Greg. Tur., *De Glor. martyr.*, l. I, c. cv.

rant son patron au 1ᵉʳ septembre, toute la Novem-populanie aurait suivi son exemple; mais Preignac et Barsac, selon toutes les apparences, appartinrent de tout temps au diocèse de Bordeaux, qui comptait Agen comme suffragant; il est donc à croire que si un culte devait supplanter l'autre, c'était celui du diacre d'Agen, surtout après les honneurs que Saint Léonce lui avait prodigués.

Donc il n'y a pas plus de raison de placer *Vernemetis* à Preignac que dans la banlieue de Bordeaux; les difficultés sont les mêmes.

Le mieux est d'en revenir simplement à la tradition agenaise, et de laisser aux archéologues de cette ville le soin de nous renseigner exactement sur l'emplacement de *Vernemetis*.

Un *Vernemetis* a battu monnaie; serait-ce saint Vincent d'Agen? M. le vicomte de Gourgues a publié un triens de cette localité dans son *Dictionnaire des noms de lieux de la Dordogne*.

Pour ne rien oublier de ce qui se rapporte aux églises de Saint-Vincent d'Agen, restaurées ou complétement bâties par notre Saint Léonce, il faut rapporter ici l'incendie de la basilique de Saint-Vincent par les troupes du roi Gontran, l'un des fils de Clotaire. Grégoire de Tours en parle en deux endroits, dans l'*Histoire des Francs*, au chapitre xxxv du VII*e* livre, et au I*er* livre de la *Gloire des Martyrs*, au chapitre cv.

« Après avoir passé la Garonne, dit-il, les trou-
« pes de Gontran arrivèrent à la basilique de Saint-
« Vincent, qui est proche de la limite de la ville
« d'Agen, *juxta terminum Agennensis urbis*, où
« l'on dit que le martyr consomma son combat pour
« le nom du Christ; elles la trouvèrent toute rem-
« plie des trésors des habitants, qui avaient conçu
« l'espérance que la basilique d'un si grand martyr
« ne serait pas violée par des chrétiens. Les soldats
« l'entourent de leur multitude, et, comme toutes les
« portes avaient été fermées avec soin, ils y mettent
« le feu; il fallut beaucoup de temps pour embraser
« les épais battants, mais la hache vint au secours de
« la flamme; on brisa les portes, on massacra tout
« le peuple qui se trouvait dedans, on pilla toutes
« les richesses. Mais la vengeance ne se fit pas atten-
« dre longtemps. Les uns se noyèrent dans la Ga-
« ronne, d'autres furent saisis d'une rage démoniaque;
« il y en eut qui se percèrent de leurs glaives; d'au-
« tres s'éloignèrent, transis par une fièvre froide;

« d'autres, enfin, persécutés par de cruelles maladies.
« J'ai vu quelques-uns de ces malheureux, qui, dans
« ce diocèse de Tours, ont souffert les plus atroces
« tortures jusqu'à leur dernier moment, confessant
« que leurs souffrances étaient une juste punition de
« l'injure qu'ils avaient faite au martyr. »

Grégoire de Tours, témoin auriculaire, a dû être trompé sur le temps et sur le lieu, car son récit renferme une inexactitude géographique. Telle est l'objection que l'on fait contre le père de notre histoire.

Aimoin [1], qui rapporte le même fait, dit que l'armée, « en arrivant à la basilique de Saint-Vincent,
« *sur le territoire agenais* (et cela après avoir passé
« la Garonne), mit le feu aux portes, afin de vaincre
« la résistance de ceux qui avaient enfermé leurs ri-
« chesses, et que, lorsque tous furent brûlés ou étouf-
« fés, on pilla tout ce que l'on trouva dans l'intérieur,
« sans épargner même les vases sacrés. »

Les anciens ne nous donnent pas davantage. Parmi les modernes, J. Scaliger pense que cette basilique était située dans la *Vallée chevrière* (Val-cabrère), près de Lyon de Comminges, et que Grégoire de Tours a été induit en erreur par la similitude des

---

[1] Aimon, *Hist. Franç.*, l. III, ch. LXXI.

noms. Outre qu'il n'existe point dans cette vallée d'église consacrée à saint Vincent, le texte de Grégoire de Tours est trop formel pour supposer une erreur de ce genre, erreur répétée par Aimoin qui avait voyagé dans toute l'Aquitaine.

Dom Ruinart, dans ses notes sur Grégoire de Tours, croit pouvoir donner un nom, indiquer une localité précise : « Cette basilique était près d'Agen, « au lieu nommé Pompéjac, où souffrit saint Vin- « cent. » C'est reproduire avec plus de précision le texte de l'historien; mais, ici, préciser, n'est-ce pas altérer? Ruinart ajoute bien : « Cela ne répugne pas « à la série des événements, puisque, pour se rendre « de Poitiers à Comminges, les troupes de Gontran « ont fort bien pu passer par Agen. » Cela est vrai, mais parler ainsi, c'est taire une difficulté, puisque Grégoire dit que la basilique ne fut pillée qu'après le passage de la Garonne; or la basilique de Pompéjac se trouve sur la rive droite, c'est-à-dire avant le passage de la Garonne. C'est aux érudits agenais qu'il faut demander la solution, si du moins il y a une solution possible.

« Vous me paraissez croire, — dit M. l'abbé Barrère, « dans une lettre qu'il nous a fait l'honneur de nous « adresser, — que l'armée de Gontran aurait ruiné

« l'église de Saint-Vincent d'Agen. Si par là vous
« entendez parler de l'église de Saint-Vincent, sur le
« rocher de ce nom, dominant la ville d'Agen, vous
« vous trompez, et nous sommes ici tous d'accord
« sur ce point. Grégoire de Tours dit bien : « *Vene-*
« *runt ad basilicam Sancti Vincentii, quæ est juxta*
« *terminum Agennensis urbis.* Mais par le *terminum*
« il faut entendre le territoire d'Agen, et il faut cher-
« cher l'église de Saint-Vincent aux confins de ce
« territoire. C'est l'église de Saint-Vincent du Mas,
« sur la *rive gauche* de la Garonne, ce point est
« essentiel.

« Seulement, mes contradicteurs se sont vaine-
« ment efforcés de démontrer que cette église est
« celle de *Vernemetis*, bâtie *aussi* par Léonce en
« l'honneur de notre saint, et chantée par Fortunat;
« c'est une erreur manifeste.

« ..... Un dernier mot au sujet de Grégoire de
« Tours sur l'église de Saint-Vincent, pillée par l'ar-
« mée de Gontran. Grégoire de Tours ajoute au texte
« que j'ai cité plus haut : « *Ubi ipse martyr pro*
« *Christi nomine agonem dicitur consummasse.* »

« On connaît la véracité de Grégoire de Tours,
« quand il parle de choses qu'il a vues ou qu'il af-
« firme connaître; mais il a souvent prêté l'oreille à

« des traditions erronées. Telle est celle de l'église
« où il place traditionnellement, *dicitur*, le martyre
« de notre saint. »

Que peut dire un étranger après cette décision portée par un des hommes les plus érudits du pays même où Saint Léonce bâtit ou répara les deux églises de Saint-Vincent? Il doit s'incliner jusqu'à ce que soient venues de nouvelles lumières.

Ce qu'il y a d'indubitable, c'est que la tradition signalée par Grégoire de Tours, et non contredite, reconnaît l'église brûlée par les soldats de Gontran comme l'une des deux églises bâties par Saint Léonce et chantées par Fortunat; or, pour nous, ces deux églises sont en Agenais : donc, on n'est pas plus autorisé à dire que l'église brûlée n'était pas *Vernemetis*, qu'on ne serait autorisé à dire que c'était lui. La question est douteuse. Le texte de Grégoire de Tours, pour cadrer complétement avec la tradition locale, doit être modifié. Si l'on admet une erreur hagiographique, l'église brûlée ne fut pas celle que bâtit Léonce sur le lieu du martyre, c'est-à-dire celle de Vernemetis, et, dans ce cas, la chronologie est bonne, les troupes passèrent la Garonne en avant du Mas et vinrent ensuite brûler l'église du Mas. Si, au contraire, on admet une erreur chronologique, les troupes de Gontran purent marcher jusqu'à Agen, brûler l'église de Saint-Vincent, sur la colline de ce nom, église bâtie au lieu du martyre et sur l'emplacement de *Vernemetis* (selon nous), puis passer la Garonne en aval ou en amont d'Agen, peut-être à Agen même, pour courir sus à Gondovald, sur la route de Comminges. Si l'on admet une double erreur, ou plutôt une confusion, l'on pourra conjecturer qu'une partie des troupes continua de suivre la rive droite pendant que le gros de l'armée avait déjà franchi le fleuve, et que cette bande pilla l'église qui domine Agen; qu'ensuite, au passage du fleuve, plusieurs des pillards se noyèrent, ainsi que le raconte saint Grégoire.

Il est donc impossible de laver complétement l'évêque de Tours; il écrivit son récit sur la relation des malheureux qui avaient commis le crime, et, à distance, ne connaissant pas sans doute les lieux, il lui fut impossible de rectifier les erreurs soit chronologiques, soit topographiques; mais, dans son récit, une idée prime toutes les autres : « *la princi-« pale basilique du saint, celle qui a droit d'asyle, a « été violée.* » Or, nous voilà replongés dans l'indécision, puisque les *Actes* du martyre disent formellement : « Cependant la bonté divine voulut que les

« bienfaits du martyr ne fissent point défaut ni à l'un
« ni à l'autre lieu : l'un fut doté de la présence de
« son précieux corps, l'autre demeura illustre par
« ses miracles et ses vertus. »

Après sa première visite aux basiliques d'Agen, Fortunat continua son voyage vers les Pyrénées ; Saint Léonce lui avait donné rendez-vous pour la dédicace de Vernemetis.

Le prêtre poëte visita sans doute la famille de Sulpice Sévère, et tint à prendre une copie authentique de la Vie de saint Martin de Tours ; puis il parcourut les cités des Auscitains, et fut témoin d'un de ces débordements subits qui font du Gers, ordinairement si paisible, un fleuve redoutable ; la description qu'il nous en a laissée pétille de verve et d'à-propos. Au mois de juin, il franchit les Pyrénées encore neigeuses, et suivit en Espagne les traces bénies du Thaumaturge des Gaules.

A son retour, l'année suivante peut-être, il retrouva l'actif Léonce auprès de la splendide église de *Vernemetis*, fut témoin de la dédicace et du miracle par lequel Dieu voulut justifier la translation des reliques de saint Vincent. Fortunat, tout ému, composa le petit poëme où il invite les peuples à bâtir en tous lieux des temples à Vincent.

Saint Léonce, repartant pour Bordeaux, le laissa sans doute dans l'Agenais, après lui avoir annoncé les fêtes religieuses dont Saintes serait bientôt le théâtre. Un érudit qui cherche les documents, transcrit les livres, interroge les vieillards, ne peut s'abandonner à l'élan des missionnaires qui, avec la rapidité de l'éclair, se transportent du midi au septentrion. Léonce était un de ces éclairs : le compas à la main, il hâtait de sa présence les travaux des logeurs du bon Dieu, pendant qu'il répandait à travers les campagnes cette instruction chrétienne que le malheur des temps avait rendue si rare.

Lorsque le poète sacré eut terminé ses recherches dans l'Agenais, il prit sa route par le pays des Vasates, vénéra les traces de Martial, de Véronique et le sang de saint Jean ; plus tard, il put raconter à son ami l'évêque de Tours comment Bazas se trouvait en possession de ce joyau.

Visite à Preignac.

Léonce lui avait recommandé sa villa chérie : Fortunat la visita, mais le maître était absent, le maître qui en faisait le plus beau charme. Cependant il fallait bien admirer et les appartements somptueux et les cellules si bien entendues. Un gentil poème fut le fruit de la visite, et la poste se hâta de le porter à Léonce, de le porter encore tout embaumé du parfum des vignobles et des prairies.

Sur Preignac, villa bordelaise.

« Malgré la hâte de mon voyage, malgré les occupations qui m'accablent, je me détourne de ma voie pour t'apporter ma fleur de poésie. Je t'aime jusqu'au ravissement; ton souvenir, je ne saurais le taire; si parfois je viens à passer sans m'arrêter, mon cœur s'arrêtera pour moi; oui, tu es digne d'un tel langage, ô Preignac (*Præmiacum*), car si je supprime ta dernière syllabe ton nom signifiera prix et récompenses (*præmia*). Ta campagne délicieuse, tes guérets verdoyants, ta nature entière est une grâce vivante. A l'endroit où la maison est assise, s'élève un monticule au vaste plateau : c'est moins une colline raide qu'une royale éminence, voyant à ses pieds les pentes douces du terrain s'incliner vers le fleuve; là verdoient les prairies émaillées d'un gazon fleuri; le vent d'est souffle mollement, et la chevelure de l'herbe ondoie comme les flots. Je me tourne d'un autre côté : déjà les moissons dressent leurs épis aux barbes jaunissantes; mais le pampre ombrage de ses grappes le sol fécond qui l'a nourri. D'innombrables poissons peuplent les eaux de la Garonne; quand la récolte manque aux champs, elle abonde sous les flots.

« Mais toutes ces beautés te réclamaient, ô Léonce; tu manquais; toi seul, tu manquais; et notre bonheur était incomplet. Oui, si la maison est belle, si les bassins des thermes reluisent, toutes ces choses redisent au visiteur : « C'est Léonce qui nous a rendu la beauté.' »

« Eh bien ! non, ce n'est point encore assez de magnificence; n'as-tu pas quelque dépendance à terminer? Puisses-tu donc pendant de longs jours gouverner ce charmant asile ! »

L'abbé Baurein, au Ve volume de ses *Variétés bordeloises*[1], reproduit à peu près le poème de Fortunat, en faisant remarquer ce que nous savons déjà : que les Léonces et les Paulins ne faisaient qu'une famille.

Il ajoute à propos du village appelé le Pape, que, si cette dénomination ne rappelle pas les possessions et les droits du pape Clément V, elle pourrait être

---

[1] Baurein, *Variét. bord.*, t. V, p. 285.

d'une haute antiquité et remonter jusqu'à l'épiscopat de l'évêque Léonce; car, à cette époque, on donnait le nom de pape à tous les évêques.

Dans ce même passage, il croit pouvoir attribuer la fondation de l'église de Preignac au même Saint Léonce; nous ne sommes pas d'un avis différent, mais nous n'admettons pas pour cela le motif qu'en donne Baurein, qui base cette manière de voir sur le vocable de l'église dédiée à saint Vincent. Le savant chanoine eût été moins affirmatif, si les notes qu'on lui avait transmises eussent mis le nom de saint Vincent de Dax, qui est le titulaire véritable. D'après nous, l'épiscopat de Saint Léonce II coïncide avec le développement définitif du régime paroissial qui amena la restauration des églises détruites pendant les guerres des Barbares et de l'époque arienne, et la fondation d'un grand nombre d'églises nouvelles; de telle sorte que le nom de Saint Léonce doit se trouver presque partout sous la première pierre de nos monuments chrétiens.

Baurein ne fait que signaler une petite chapelle de Saint-Amand, déjà abandonnée au siècle dernier. M. l'abbé Cirot de la Ville en a publié le dessin et la description, qui devient intéressante pour nous, puisque cette chapelle remonterait, par sa construction, à l'époque gallo-romaine et au temps de Saint Léonce.

« Ce n'est plus qu'une ruine....; mais, dans l'opi-
« nion de M. Léo Drouyn, la plus vieille peut-être
« du département[1]. On reconnaît dans ses murs des
« restes d'appareil réticulé. La porte à très-légère
« pointe, la façade construite de pierres romanes,
« accusent un clocher triangulaire avec sommet à
« pignon. L'édifice ne consistait qu'en une petite
« nef. » — « Ce Léonce, qui rendait aux églises rui-
« nées leur première splendeur, qui restaurait les
« baptistères, ornait les basiliques de Saint-Etienne,
« Saint-Eutrope, Saint-Vivien à Saintes, de Saint-
« Vincent à Agen, de Notre-Dame à Soulac, qui
« portait ses soins jusqu'à les munir de vases sacrés;
« ce pieux Léonce n'a-t-il pas donné des édifices
« religieux à cette villa où il avait tant de ressources
« aux besoins matériels? (C'est, nous l'avons vu, la
« croyance de Baurein.) Parmi les saints auxquels
« il érigea des sanctuaires, aurait-il oublié ses pré-
« décesseurs? »

Toutes ces choses sont probables, et l'antiquité de

---

[1] Cirot de la Ville, *Hist. de l'église Saint-Seurin de Bordeaux*, p. 276.

la chapelle de Saint-Amand est une forte prévention en faveur de l'opinion de MM. Léo Drouyn et Cirot de la Ville.

Quant au nom de Preignac, dans les anciens titres *Prinhac*, il se trouve encore deux fois dans notre topographie girondine ; il y a tout auprès de Bourg, la célèbre villa des Léonces, un *Prinhac*, *Prignac*, ou *Preignac* dont l'église est dédiée à saint Pierre, titulaire qui, à défaut de titres positifs, est à nos yeux une marque de haute antiquité ; près de Lesparre est un troisième *Prinhac* ou *Prignac*, dédié à saint Martin, titulaire très-fréquent dans les fondations de l'époque mérovingienne. Si nous avons rappelé ces deux localités, ce n'est pas que nous ayons quelque doute sur la légitimité du Preignac-Garonne : le nom du fleuve cité dans Fortun. arte toute tentative d'assimilation avec le Preignac de Bourg ou celui de Lesparre. Mais nous tenons à aller au-devant des objections ou des difficultés, toutes les fois qu'il s'en présentera quelqu'une à notre esprit. Nous avons déjà quelques documents qui nous autorisent à penser que nos Léonces étaient propriétaires en Médoc : un jour, peut-être, la certitude deviendra plus grande, et *Prignac* se rangerait au nombre des villas de cette opulente famille [1].

Serait-ce dans ce même voyage que Fortunat écrivit son poëme sur Vérége? Nous en avons donné la traduction précédemment.

Visite à Bordeaux.

Il fut reçu dans la ville de Bordeaux par le vénérable prêtre Amphion, qui gouvernait les ouailles en l'absence du pasteur. Ce vieillard fit une profonde impression sur le poète par cet ensemble de vertus qui distinguent le bon prêtre. Quelque temps après, Venance lui écrivit cette lettre touchante :

Au vénérable prêtre Amphion [2].

« O vous dont la piété est si chaleureuse, dont la douce aménité ne connaît pas de vieillesse, dont l'âme inestimable se révèle au premier coup d'œil, Amphion, mon cher père, vénérable prêtre, qui serez à jamais l'amour de mon cœur, dès que j'ai eu le bonheur de vous connaître pour la première fois, j'ai compris combien la lumière de l'intelligence éclairait votre intérieur.

[1] En Saintonge, il y a aussi un Prignac dans le canton de Matha.
[2] Fortunat, *Miscell.*, l. III, c. XXXI.

« Vous voyez un étranger, vous l'attirez par votre douceur; sans connaître sa famille, vous le traitez comme votre père. Vos paroles agréables engagent tout le monde à causer librement avec vous, et vous savez toujours faire en sorte que l'on n'ait plus d'autres sentiments que les vôtres. Génie vivace, bon sens plein de modération et de fermeté, conseil infaillible et immuable, ces qualités font de vous le plus prudent des vieillards; votre âge, en sa maturité, sait se prêter aux circonstances et excelle à rendre à chacun le degré d'honneur qui lui est dû. Prompt à toute vertu, votre cœur déborde, tant sa bonté est immense; c'est chez vous que l'on accourt de tout l'univers; et vous ne savez refuser à personne; votre table s'ouvre à tous, votre maison est la maison de tout le peuple.

« Mais c'est Léonce qui s'est chargé de faire votre éloge; cela suffit, nous en croyons le jugement d'un tel maître. »

C'est, sans doute, sous la conduite d'Amphion que l'illustre visiteur admira les monuments de la métropole. A cette époque, la plupart de nos anciennes églises paroissiales devaient être bâties : le premier hommage fut pour l'antique oratoire de la Trinité dédié par Saint Martial; il vénéra les reliques des martyrs, de Saint Fort, le premier évêque de Bordeaux, de Sainte Bénédicte, sa pieuse épouse, de Delphin, de Seurin et d'Amand. Il écouta surtout le récit des vertus de Saint Seurin, appelé d'une manière céleste à régir l'église de Bordeaux après avoir gouverné celle de Cologne : il promit d'écrire cette vie, et Grégoire de Tours nous affirme qu'il tint parole. Cependant la *Vie de Saint Seurin* ne se trouve pas parmi les Œuvres éditées de Fortunat : l'antique collégiale conservait dans l'office de son patron une légende qui pourrait bien être l'œuvre même de l'évêque de Poitiers à peine modifiée par les âges.

Le baptistère, situé près de la cathédrale primitive, lui inspira ce distique qu'il inséra dans les *Louanges de Léonce* :

« Le voici restauré, le palais du saint baptême, où nos vieilles fautes sont lavées dans les eaux d'une seule fontaine. »

A côté de l'oratoire de la Trinité, aujourd'hui Saint-Seurin, on vénérait l'église de Saint-Etienne, véritable cathédrale, qui battait monnaie à cette époque.

M. l'abbé Cirot a publié un triens d'or qui porte l'effigie du premier martyr avec la légende [1] :

† BVRGITALA

et au revers une croix ancrée, et pour légende :

SC STEFAN

---

[1] Cirot, *Hist. de Saint-Seurin*, p. 179.

Cette médaille est conservée au cabinet de la Bibliothèque impériale : elle a été publiée par Cambrouse, *Monétaires mérovingiens*, planche 17, fig. 17. Cette médaille fournit au laborieux chanoine l'occasion d'établir le titre cathédralice de l'église Saint-Seurin, titre transféré plus tard à l'église Saint-André.

Il eût été à souhaiter que Fortunat eût décrit dans ses vers faciles le Bordeaux du septième siècle. Ses poèmes seraient très-précieux pour nous; il ne cite que deux monuments : le palais de la famille Léonce et une église de Notre-Dame.

Un simple distique pour le premier :

« Les temps fuient, mais le palais de tes pères se tient debout et ne peut tomber, car tu le répares. »

Quatre vers pour la seconde :

« Voilà que tu as fondé le sanctuaire de Marie, d'où la nuit vaincue s'enfuit, car il possède un jour perpétuel. Pleine de lumière, cette cour royale imite Marie; Marie enferma la lumière dans son sein, son église enferme le jour. »

Le palais des Léonces, c'est le palais de Puy-Paulin, auprès duquel était une église dédiée à Notre-Dame de Puy-Paulin. Serait-ce de cette église qu'il est ici question? Le terme *fundasti* peut bien désigner une église complétement nouvelle, mais il peut aussi désigner une église ancienne rebâtie de fond en comble; par conséquent les commentateurs sont partagés.

L'auteur de *Notre-Dame de la Fin-des-Terres* réclame saint Léonce pour l'un des fondateurs, des restaurateurs de l'oratoire apostolique.

« A Soulac, le tombeau de Véronique devait rece-
« voir de nos évêques des hommages particuliers[1].
« Tant que l'oratoire historique abrita les reliques
« sacrées, les évêques de Bordeaux, avant de prendre
« possession de leur siége, vinrent à la Fin-des-Terres
« rendre hommage à l'auguste tradition et à la hié-
« rarchie même des souvenirs. »

« Ce détail mérite trop d'être conservé, dit une
« notice bénédictine, pour que nous le passions sous
« silence. Autrefois, les évêques de Bordeaux, sitôt
« élus, se rendaient par Blaye à Soulac pour deman-
« der au Seigneur la sagesse qui se tient auprès du

---

[1] Mezuret, *Hist. de Notre-Dame de la Fin-des-Terres*, p. 164.

« trône de Dieu et qui leur est nécessaire pour bien
« gouverner leur diocèse. »

« Ce dernier fait pourrait donner une consistance
« nouvelle à l'opinion de ceux qui font rebâtir par
« Saint Léonce la célèbre église de Notre-Dame, dont
« parle Fortunat de Poitiers. Baurein fait remarquer
« qu'en dehors de Soulac, « il n'est fait mention,
« en aucune part, d'une église aussi ancienne érigée
« sous l'invocation de la Vierge. »

Puisque le témoignage de Baurein est invoqué,
ouvrons les *Variétés bordeloises*. Nous lisons à la
page 42 du tome Ier :

« Fortunat, qui écrivoit dans le sixième siècle,
« nous fournit une preuve de cet ancien usage
« (d'éclairer les églises avec des lampes) dans une
« pièce de poésie qu'il fit à l'honneur de Léonce,
« Evêque de Bordeaux. Entre divers faits qu'il y
« rapporte en l'honneur de cet illustre Prélat, il y fait
« mention d'un temple que celui-ci avoit érigé sous
« l'invocation de la Vierge; d'où ce saint Evêque
« avoit trouvé le moyen de bannir les ténèbres de
« la nuit, par la grande quantité de luminaires qui
« le rendoient aussi éclairé qu'en plein jour.

« Fortunat n'explique point en quel lieu ce temple

« étoit situé, si c'étoit en ville ou en campagne ; ce
« qui est certain, c'est qu'on ne le connoît point dans
« Bordeaux, & qu'il n'est fait mention en aucune
« part d'une église aussi ancienne, érigée sous l'invo-
« cation de la Vierge. Celle de Notre-Dame de Sou-
« lac, qui étoit d'une très-haute antiquité, & dans
« laquelle l'usage d'y entretenir un grand nombre de
« lampes & de luminaires s'étoit conservé, pourroit
« bien être celle dont cet auteur fait mention. »

M. l'abbé Cirot, dans l'*Histoire de Saint-Seurin*, p. 55, a suivi le même sentiment, sur la foi de l'habile verrier, charmant littérateur, M. Villiet : « C'est saint
« Léonce, selon plusieurs, qui, au sixième siècle,
« aurait déjà reconstruit ce sanctuaire, visité depuis,
« doté par tant de rois, prélats ou seigneurs, et auquel
« s'appliqueraient ces félicitations de Fortunat :

« Vous avez élevé à la bienheureuse Marie un temple sacré où, vaincue par un brillant luminaire, la nuit a fait place à un jour perpétuel, un temple qui ressemble à celle qui en est la reine ; Marie a clos la lumière dans son sein, son église clôt le jour par ses vitraux. »

Nous commençons par un double aveu : nous ne prétendons nier ni la restauration de Notre-Dame de Soulac par Saint Léonce qui a tant bâti et tant restauré, ni la visite de Fortunat qui a visité tout ce qui avait un nom ; mais Fortunat n'a pas tout chanté, et n'a pas chanté tout ce qu'avait fait Léonce, ou s'il l'a fait, les poëmes sont en partie perdus. Ce double aveu bien compris, nous croyons que dans le poëme des *Louanges de Léonce* il ne s'agit point d'une église de la Vierge située loin de Bordeaux. Nous avons eu l'occasion de dire déjà que ce poëme nous paraissait avoir été écrit à Bordeaux même ; il y est dit, en effet :

Tertius a decimo *huic urbi* antistes haberis.

Or, pour qui connaît les nuances des pronoms latins, il faut nécessairement comprendre *cette ville-ci, la ville où nous sommes ;* or la ville n'a pas été nommée, mais nous savons que c'est Bordeaux, puisque Léonce en était évêque. Si, auparavant, le poète avait nommé plusieurs villes, on pourrait peut-être traduire *huic* par *cette dernière ;* mais dans ce passage aucune ville n'ayant été nommée, il faut nécessairement que pour parler de la sorte le poète soit à Bordeaux, ou que du moins il s'y conçoive comme présent par la pensée. Le poète ajoute immédiatement que Léonce a relevé les vieux temples, que l'incendie lui a fourni nouvelle matière de travail, qu'il a construit ou réparé le baptistère, *qu'il a fondé le temple de Marie*. Cela dit, il continue en ces termes : « Ce n'est pas seulement *ici*, c'est partout que « tes bienfaits resplendissent. » Nous le demandons, comment faut-il expliquer cet *ici* (hic)? On sait que la poésie use souvent de transitions brusques, mais nous allons constater que le poëte revient sans cesse planer sur Bordeaux ; continuons :

« Ce n'est pas seulement *ici*, c'est partout que tes temples resplendissent ; le Santon vante, entre tous, ceux que tu bâtis chez eux.

« Toi qui donnes aux peuples des lieux de prière où les cœurs s'élèvent continuellement vers le Christ, tu te fais la voie par laquelle leur vient le salut.

« La maison de l'église, fière de son faîte qui s'exhausse, prouve par ses monuments agréables qu'elle est l'œuvre de tes mains. »

Que faut-il entendre par cette maison de l'église (*ecclesiæ domus*)? N'est-ce qu'une église? Est-ce l'église de Marie? Serait-ce la maison épiscopale?

« Tu as fait que les citoyens soient enchantés de courir *ici* (hic) et qu'une maison appelle tout ce qui demeure *dans la ville* (in urbe). »

Église ou évêché, ou tous deux à la fois, n'importe,

le monument est situé *dans la ville*. Dans quelle ville?

« Tu as orné ta patrie en lui prodiguant ces présents éternels, et toi aussi tu t'appelleras un ornement de Bordeaux : *Burdigalense decus.* »

Il nous semble que la cause est jugée. C'est à Bordeaux, au palais épiscopal de Léonce, que se trouvait Fortunat : ce palais épiscopal était sans doute le palais même des Léonces et des Paulins, le Puy-Paulin; à côté, le poète apercevait l'église neuve de Notre-Dame. Nous pouvons nous tromper de lieu et attribuer à Puy-Paulin ce qui pourrait appartenir à quelqu'autre monument, mais le texte défend de chercher hors de Bordeaux. Nous n'oserions pourtant affirmer que le texte exclue les faubourgs. M. l'abbé Cirot, plus hardi que Baurein, émet une opinion qui corrobore la nôtre, bien qu'il applique à Notre-Dame de la Fin-des-Terres les quatre vers précités.

« On attribue, dit M. Cirot [1], à Ponce Paulin,
« aïeul de saint Paulin, la construction du château
« (Puy-Paulin), dans le troisième siècle. L'église ne
« tarda pas à y prendre la place d'un temple de Mer-

[1] L'abbé Cirot, *Hist. Saint-Seurin de Bordeaux*, p. 280.

« cure : la liaison des bâtiments l'indique. Le dis-
« ciple de saint Delphin, le futur évêque de Nole,
« dut avoir hâte d'ouvrir, près de son palais, un
« sanctuaire à la très-sainte Vierge. On a trouvé, en
« effet, sur son emplacement, comme en tant d'autres
« lieux de Bordeaux, des débris superposés de paga-
« nisme et de christianisme. »

Lorsqu'on reconstruisit, en 1851, la maison n° 14 de la petite rue de l'Intendance, « pour placer sur
« un terrain solide les fondements de la nouvelle
« construction, il fallut traverser une couche de terre
« végétale noirâtre, épaisse d'environ trois mètres et
« remplie d'ossements d'hommes qui avaient appar-
« tenu au culte chrétien. Là, apparurent aussi, au
« milieu d'une grande quantité de décombres, des
« débris de fer contournés par l'action du feu, trois
« murs en petit appareil et ciment mêlé de briques,
« un pavé de briques, une galerie à colonnes enga-
« gées, supportant une toiture à larges tuiles plates à
« rebords, des vases de terre, un cippe, des inscrip-
« tions, des statuettes, parmi lesquelles un Mercure. »
(*Arch. hist.*, t. I, p. 245. — *Com. des mon. hist.*, c. XII, p. 14.)

Nulle inscription, nulle preuve écrite dans les histoires n'autorise à considérer comme fondateur de

l'église Notre-Dame de Puy-Paulin aucun membre spécial de la famille des Léonces et des Paulins. Le texte de Fortunat semble pencher pour Saint Léonce II; mais, en poésie, il ne faut pas toujours prendre à la rigueur le verbe *fonder* : il pourrait donc n'y avoir là qu'une restauration depuis terre, après la désolation des Visigoths, qui, niant la parfaite divinité de Jésus, devaient refuser à la mère une partie des honneurs qu'ils refusaient au fils.

Enfin, sauf la situation bordelaise de ce temple de Marie, nous n'avons pas, d'après le texte, absolument le droit de conclure en faveur de Puy-Paulin. Mais alors, où chercher ce sanctuaire bordelais de la Mère de Dieu.

Nous pourrions nous étendre sur tous les autres sanctuaires qui, à l'époque, existaient dans Bordeaux, étude que nous réservons pour une publication spéciale.

Le séjour à Bordeaux fut entremêlé de promenades dans la campagne. A sept milles de la métropole, sur les coteaux, souriait la villa de Bisson (Bassens peut-être), nouvellement rebâtie par le maître infatigable.

Sur Bisson[1].

« Les chaleurs de l'été n'altèrent pas la verdure des prairies qui fleurissent encore, quand déjà les champs ont revêtu la couleur du safran et exhalent de leurs mouvantes chevelures ces parfums suaves qui enivrent l'agriculteur.

« Ce nom de Bisson dérive du vieux langage ; cette localité s'appelle de la sorte depuis longues années. Le maître s'y est tellement attaché qu'il y a placé son tribunal, son prétoire, comme seigneur temporel, et que la cour intérieure a été entourée d'un triple portique dont toutes les ailes ont les mêmes dimensions. La vieillesse, la vétusté, renversant l'édifice, en avait jonché la terre ; ce n'était plus qu'une masure sans beauté ; mais le travail de Léonce répare tous les désastres : il n'a qu'à paraître, et nulle ruine ne triomphe. Maintenant ce palais se relève du sépulcre pour de meilleures destinées, et remercie son architecte de la vie qu'il lui doit. Les nouveaux bains ont repris leur luxe antique, nos membres fatigués y retrouvent la vigueur.

« Ici, dit-on, vivaient jadis les loups, rois du désert ; Léonce y établit les humains et chassa les bêtes fauves. »

Quoique Fortunat n'en parle point, nous pensons qu'il a dû visiter Bourg, et surtout Blaye, où saint Romain, le disciple de saint Martin, avait son tom-

---

[1] Fortunat, *Miscell.*, l. I, c. XVIII.

beau, l'objet de la vénération des nautoniers qui, maintes fois, par son intercession, échappèrent à la tempête.

Peut-être descendit-il jusqu'à l'extrémité du Médoc pour aller vénérer le temple de la Fin-des-Terres et les reliques de la sainte Femme qui, aux premiers âges chrétiens, évangélisa le Bordelais, le Bazadais, et revint mourir à Soulac.

En traversant la Gironde au pas de Grave, le poète gagnait la terre santone et se trouvait au rendez-vous.

Visite à Saintes.

La vieille basilique d'Eutrope, le premier évêque de Saintes, était tombée de vétusté ; ses toits effondrés laissaient s'infiltrer la pluie dans les murailles : ce n'était plus qu'une ruine. Eutrope était sans honneur dans sa ville épiscopale. Léonce fut choisi d'une manière presque miraculeuse pour rétablir le temple désolé. Mais il vaut mieux écouter le poète [1] :

Sur la basilique de Saint-Eutrope de Saintes.

« Qu'il est grand ton amour de Dieu, pape Léonce!

---

[1] Fortunat, *Miscell.*, l. I, c. XIII.

Combien Dieu lui-même te paie de retour, puisqu'il t'avertit de rendre la jeunesse au temple d'un saint. Oui, cette basilique du vénérable Eutrope était tombée en ruines à cause de sa vieillesse. Les murailles ne supportaient plus que des poutres dénudées; ce n'était plus le poids de la toiture qui les fatiguait, c'était le poids bien autrement fatal des pluies de l'hiver. La nuit, pendant son sommeil, un avertissement céleste apprit à l'un de tes prêtres que la restauration du temple t'était réservée. C'est pour accroître tes mérites que la voix divine se fit entendre; quel est ton bonheur! Dieu lui-même prend de ton âme un soin attentif!

« Maintenant la vétusté se pare de verdure; l'édifice ressuscité se pare comme une fleur; ses années vont se multiplier en se rajeunissant; car toute œuvre de pierre acquiert une plus longue vieillesse, alors qu'elle redevient jeune.

« Ici, le bois se suspend en forme de voûte ciselée, et par l'habileté du sculpteur reproduit les jeux de la peinture. Les murailles se sont animées et se meuvent avec les personnages peints sur leurs parois; ainsi, dépouillées naguère, elles brillent aujourd'hui par la variété des couleurs.

« Eutrope fut le premier prêtre de la ville de Saintes, et c'est avec justice, ô Léonce, qu'en songeant à tes travaux réparateurs, il t'a laissé le premier rang, le rang de métropolitain. Maintenant que le saint est de nouveau mis en possession de son temple, qu'il y habite en paix, et qu'il comble de ses faveurs le restaurateur de son culte! »

Placidine voulut contribuer à l'œuvre de son mari;

le jour de la nouvelle dédicace, elle offrit à l'église de Saint-Eutrope un calice magnifique ; le poète improvisa le quatrain qui se lit à la suite du poème sur l'apôtre des Santons :

« Léonce, grand dans le palais de Dieu, offre de pieux présents ; Placidine se joint à ses prières. Heureux époux ! vos travaux sont consacrés à l'honneur des autels, et vos mains ont apporté cette coupe qui, pendant quelques moments, renferme dans son sein celui qui ne périt point. »

La cité santone montrait un autre monument, œuvre de l'inépuisable munificence de Léonce et de Placidine ; c'était la basilique élevée au glorieux successeur d'Eutrope, à Bibien ou Vivien, qui vivait à l'époque constantinienne et prit part aux grandes luttes contre l'Arianisme. Cette église fut bâtie dans un faubourg de Saintes ; Eusèbe, l'ami de Saint Léonce l'Ancien, en avait jeté les fondements, afin de multiplier à son peuple les secours de la religion ; mais il n'eut pas le temps d'achever. Emère, successeur d'Eusèbe, réconcilié avec son métropolitain, sollicita le concours de l'opulent évêque de Bordeaux. Léonce, oubliant les querelles passées et sacrifiant le droit à la charité, s'empressa de soutenir son suffragant ; l'édifice fut achevé et couronné d'une toiture métallique dont les reflets d'or et d'argent scintillaient au soleil ; à l'intérieur, Placidine avait multiplié les magnificences de la sculpture, de la peinture et de la tapisserie.

Emère eut à peine le temps de voir terminer l'œuvre de Léonce : au moment de la visite du prêtre de Poitiers, c'est Héracle, le nouvel évêque, qui rendait à ses hôtes illustres les devoirs de l'hospitalité.

Le poète chanta la nouvelle basilique :

Sur la basilique de Saint-Vivien de Saintes [1].

« Qu'il est resplendissant le digne temple du prêtre Bibien, qui ne manque jamais d'exaucer les demandes de l'ardente foi.

« C'est le prélat Eusèbe qui jadis fonda ce témoignage de victoire, mais il fut enlevé de ce monde avant de l'avoir achevé. Emère, qui lui succéda sur le trône de Saintes, se sentit incapable de porter le poids d'un tel labeur ; il pria le pape Léonce de venir à son aide, et toi, Pontife que dévore le zèle pour l'amour de Dieu, tu ne pouvais refuser. Que dis-je ? c'est le temple lui-même qui se réservait cette gloire, il attendait que tu fusses venu, pour ouvrir son enceinte sacrée. O mérites du juste, dignes de briller dans la lumière éternelle, vous êtes si grands que les temples

---

[1] Fortunat, *Miscell.*, l. I, c. XII.

vénérables désirent que vous veniez rehausser leur culte par votre hommage !

« Le sépulcre sacré s'abrite sous un toit d'argent, dont Placidine, ton inséparable compagne, a fait don. Des ruisseaux d'or jettent çà et là leurs étincelles ; les deux métaux dardent leurs purs rayons.

« Un génie a travaillé les boiseries splendides ; l'on croirait qu'il a trouvé le secret d'animer les animaux.

« Puisse celui auquel vous avez prodigué de si beaux présents, vous conserver la santé pendant de longs jours. Non, que nul doute n'entre dans l'âme de ceux qui font les œuvres grandement : Dieu sait rendre ce qui est dû, et sait rendre au centuple. »

Il n'y a pas lieu de croire que les deux monuments dont nous venons de parler aient occupé une autre place que ceux qui existent aujourd'hui. Il serait donc possible de retrouver encore dans les assises inférieures quelques-unes des pierres bénites par Saint Léonce.

Un peu plus tard, l'église Saint-Eutrope eut le bonheur de retrouver les reliques de son patron enfouies dans le sol de sa crypte. Les malheurs des temps, qui n'avaient pu effacer la mémoire du premier évêque, avaient fait oublier son titre de martyr. Grégoire de Tours raconte comment, sous l'évêque saint Pallais, Dieu manifesta dans tout son jour la gloire de son serviteur.

Fortunat parle aussi d'une basilique de Saint-Nazaire dont nous n'avons pu déterminer la position, et qui se trouve sans doute sur le territoire de Saintes [1].

Saint Nazaire, martyr de Milan, souffrit le martyre avec un enfant nommé Celse, à une époque inconnue. Leurs corps furent retrouvés par saint Ambroise, et l'on célèbre leur fête le 12 juin [2]. Cette invention fit grand bruit, et l'on éleva des églises à ces saints; mais, comme le même jour l'Eglise honore deux autres saints Nazaires, dont les corps reposent l'un à Embrun et l'autre à Metz, où il fut apporté de Rome par l'évêque Chodegrand en 735, il est difficile de déterminer quel est celui des trois dont Saint Léonce releva le temple. Déjà, au temps de Grégoire de Tours, l'église de Saint-Nazaire, sur

---

[1] Cette opinion, jadis formulée à distance, est exacte : dans le diocèse de La Rochelle et Saintes, il y a quatre paroisses dédiées à saint Nazaire : Andilly (doy. de Marans); Migron (Burie); Bernay (Loulay); et enfin *Saint-Nazaire* à l'embouchure de la Charente (doy. de Saint-Agnant).

[2] Carcassonne réclame le saint martyr Nazaire pour son premier évêque aux temps apostoliques.

le territoire de Nantes, était en grande vénération et possédait quelques reliques de l'un de ces saints. Serait-ce cette église historique à laquelle Saint Léonce aurait consacré ses trésors? Rien dans le texte ne le précise. Voici le poème :

Sur la basilique du bienheureux Nazaire.

« Voici que rayonne le vénérable faîte de l'illustre Nazaire, dont les membres sont aux cieux et l'esprit aux astres[1]. D'une race terrestre, dégagé des coutumes de la terre, homme né de la poussière comme nous, il n'envisageait que l'éternelle félicité, n'aimait rien de charnel; mais, suppliant le Christ de lui préparer une récompense, il offrit à Dieu le sacrifice de son sang[2].

« Grand saint, voici le temple religieux que t'offre Léonce, dont le désir serait de te faire une demeure encore plus grande; jadis, tu n'avais ici qu'une étroite enceinte, où le peuple vénérable pouvait à peine contenir; la petite chapelle a été renversée, les fondements repris, et le présent de Léonce ouvre aujourd'hui ses parvis spacieux. »

Adieux de Fortunat.

Léonce, Placidine, Fortunat et tous ceux qui

---

[1] Ce vers nous paraît altéré.
[2] Fortunat, *Miscell.*, l. I, c. x.

avaient pris part aux fêtes de Saintes, revinrent à Bordeaux. Le poëte devait continuer sa route par mer, et rentrer à Tours, après avoir visité les îles de l'Océan aquitanique, déjà peuplées par la famille bénédictine et par les enfants de saint Martin.

Placidine lui montra toutes les richesses chrétiennes qu'elle tenait en réserve dans le palais de Léonce, et mit sa muse en contribution. Le poëte s'y prêta de bonne grâce. C'est alors, sans doute, que furent composés plusieurs poëmes, où les érudits ont cru remarquer l'inspiration de Placidine. Elle avait conduit Fortunat devant le tombeau de ses parents et de ses amis, et, en lui montrant le marbre muet encore, avait demandé des épitaphes dignes de leur nom et de leurs vertus.

Les épitaphes de Saint Léonce Ier, d'Attique et d'Arcade sont les seules qui nous restent : nous leur avons déjà donné place dans ce travail.

Un banquet solennel, mais chrétien, des agapes fraternelles précédèrent le départ. Le poëte avait réservé pour ce beau jour ses *Louanges de Léonce* : le poëme est simple, mais plein de délicatesse; la vie de Léonce et de Placidine est résumée en distiques charmants, vrais joyaux de poésie. Nous ne reproduirons pas cette pièce, que nous avons déjà presque donnée en entier dans de nombreuses citations. Ici nous ne mettons sous les yeux du lecteur que l'ordonnance et la suite des idées.

Louanges de Léonce [1].

« Parmi les Aquitains, Léonce est le premier par la noblesse de sa famille, et, dans toute la Gaule, personne n'a le droit de se dire plus noble que lui.

« Dans la fleur de l'adolescence, déjà sérieux, il ajouta l'éclat militaire à l'éclat de son nom durant l'expédition d'Espagne. La noblesse sans le mérite n'était pas digne de lui.

« Cependant ses ancêtres portent un nom glorieux, et sa race remonte aux dominateurs de Rome. Bien différente de tant d'autres, elle n'a pas failli, semblable à ce palais qui reste toujours debout, et par la main de Léonce répare ses ruines. Ainsi, loin de décroître, la gloire des Léonces grandit avec ce dernier rejeton, qui jette le plus vif éclat sur la souche antique de la famille.

« L'honneur royal a ceint d'un bandeau la tête de Léonce. Que dis-je, l'honneur royal? Le sacerdoce n'est-il pas plus grand? C'est une nouvelle noblesse qui s'ajoute à la première, et cependant Léonce ajoute encore à l'éclat pontifical.

« Léonce, le treizième évêque de Bordeaux, sera compté le premier pour ses vertus.

---

[1] Fortunat, *Mis. H.*, l. I, c. vx.

« Il relève la splendeur des temples ruinés et fonde de nouvelles églises. L'incendie vient en aide aux dévastations du temps et des ennemis, et lui procure de nouvelles œuvres.

« Il restaure le baptistère.

« Il a fondé le temple de Marie, où luit un jour perpétuel, le jour par les vitraux, la nuit par les lampes.

« Il bâtit des églises, non-seulement ici à Bordeaux, mais partout, et jusque sur la terre santone.

« Mais rien n'égale ce palais épiscopal à côté de la maison de prière; rien n'égale l'ardeur que Léonce inspire à son peuple religieux; rien n'égale la charité qu'il déploie et dont ce palais est témoin.

« Tu as orné ta patrie, et toi-même tu mérites d'en être appelé l'ornement. Autant Bordeaux l'emporte sur les autres villes, autant tu l'emporteras dans la gloire du pontificat; et tout autre titre d'honneur est aussi petit devant toi que les autres fleuves le sont comparés à la Garonne; non, le Rhin, au sortir des Alpes, ne bondit pas avec plus d'impétuosité; le Pô n'entre pas dans l'Adriatique avec plus de majesté; le Danube seul, au cours immense, l'égale par la puissance de ses eaux; je l'ai traversé : aussi j'en parle avec connaissance de cause.

« Tu as doté de tes pieuses offrandes les autels du Christ; tes vases sacrés portent les saintes espèces; le sang et le corps du Seigneur, victime suprême, s'incarnent dans les présents que fournit ta pieuse munificence.

« Bienheureuse la richesse qui consacre ses trésors aux temples sacrés! C'est le meilleur moyen de les rendre impérissables. La rouille ne rongera pas ce talent de sa dent dévorante ; les ruses des voleurs, ni leurs armes, ne pourront rien ; le bien donné vit et fait vivre saintement celui qui l'a donné, et, au jour de la mort terrestre, il l'accompagne jusqu'au ciel ; là, le propriétaire trouve ce qu'il a envoyé d'avance, et ne garde que ce qu'il avait su sacrifier.

« Voilà, prêtre de Dieu, ce que te procureront tes temples et tes calices sacrés, et toutes ces largesses que je ne saurais énumérer.

« Puisses-tu gouverner longtemps cette église et moissonner le fruit de tes labeurs !

« Ton amour, ô Léonce, m'oblige à parler de Placidine, issue par Arcade du sang impérial des Avites.

« Elle a toutes les qualités qui font l'honneur de son sexe ; elle est ta digne compagne, ta sœur.

« Celui qu'on honore dans les temples que vous avez bâtis, puisse-t-il se plaire à vous combler de ses bienfaits au-delà de vos mérites ! »

Le poëte reçut les félicitations de toute la famille, de tous les invités, et l'on partit pour la villa de Bourg, où le voyageur devait prendre définitivement la mer. Le vaisseau était prêt ; Fortunat fit ses adieux à Léonce, à Placidine, au vieil Amphion, et la marée descendante l'emporta vers l'Océan. Mais le navire fut repoussé par les vents du nord et de l'ouest ; la tempête le força de rebrousser dans le fleuve, et Fortunat vint de nouveau frapper à la porte de Placidine. Il ne pouvait qu'être bien reçu, car il se présentait avec quelques poésies qu'il avait transcrites durant la traversée; l'épigramme suivante les dédiait à Placidine :

« Recevez, je vous prie, recevez avec complaisance ce petit présent, ô vous qui êtes le présent le plus délicat qui brille dans ce monde. J'aurais voulu que ce souvenir vous arrivât d'une île perdue au milieu des flots, où j'aurais trouvé l'inspiration au murmure des vagues bondissantes. Mais, au moment où je voulais connaître de mes yeux ces parages de l'Océan, Borée m'a repoussé de son souffle furieux.

« Mais qu'ai-je à regretter? Votre obligeance se manifeste plus largement à mon égard; j'ai donc trouvé sur terre mieux que je ne cherchais sur l'eau. »

Il est assez difficile de déterminer le sens de cette épigramme : le poëte semble faire entendre par ses réticences qu'il allait chercher dans les îles de la côte du Poitou, à Noirmoutiers peut-être, des exemples de vertu; mais que le Ciel en ayant ordonné autrement, il trouve ces exemples sous le toit de Placidine.

Nous n'avons pas voulu interrompre ce récit pour parler de la mort du roi Charibert. Cette mort, rapportée par Grégoire de Tours à l'année 567, donne lieu à quelques réflexions d'Aimoin sur l'obligation de pratiquer la vertu, tout aussi étroite pour les princes que pour les autres hommes [1].

Il mourut après avoir perdu ses deux concubines, servantes de la reine, ainsi que le fils qu'il avait eu de l'une d'elles. C'est en Aquitaine, à Blaye, que la mort le frappa, et il fut enterré dans la basilique de Saint-Romain.

Mort de saint Léonce le Jeune.

En quelle année mourut notre saint Pontife, nous l'ignorons. Si les dates que nous avons calculées sont véritables, il faut placer en 569 cet heureux trépas, qui couronna le front du patricien de la gloire immortelle.

Nous ne savons rien sur ses derniers moments : ils durent être beaux comme le sont toujours ceux d'un saint. C'est le repos après le travail, le délassement après la fatigue, le triomphe après le combat.

Le poëte reçut dans sa solitude la triste missive de Placidine : la joie chrétienne n'exclut pas les dou-

---

[1] Aimoin, *Hist. Franç.*, l. III, c. 11, p. 693.

leurs intimes de la séparation. Dans la visite aux tombeaux des Léonces, l'épouse du grand évêque avait montré à Fortunat une plaque de marbre, vierge encore d'inscription : le prêtre, à la lyre sympathique, avait compris et promit d'accomplir le pieux désir de l'épouse-sœur, au jour que le Seigneur aurait marqué. La lettre de Placidine venait lui rappeler cette promesse, et bientôt arriva la réponse :

« Tout bien dure peu; elles sont fugitives les joies de ce monde ! Hélas ! que la prospérité humaine s'envole bien vite au souffle des afflictions ! J'aurais mieux aimé vous envoyer un cantique de joie ; mais puisque mes vœux sont trompés, je pleurerai sur une tombe. C'est vous qui me demandez cette consolation. »

Suit l'épitaphe de Léonce le Jeune : le poète pousse la délicatesse jusqu'à commencer par le même vers qu'il avait écrit en tête de l'épitaphe de Léonce l'Ancien. Placidine fit graver le poème, et les amis lurent ces vers si beaux et si vrais :

Epitaphe de Léonce le Jeune.

« Dans ce tombeau reposent les restes vénérés de Léonce que le renom de son pontificat élève jusqu'aux cieux.

« L'antiquité de son nom a pour souche cette noble et

forte race du sénat romain; mais, quoique issu du haut sang des patriciens, par sa propre valeur il a rendu ses ancêtres plus glorieux.

« Le bien-aimé des rois, le chef de sa patrie, le soutien de sa maison, la sauvegarde de ses amis, l'honneur du peuple et de la cité, le décorateur des temples, la secrète abondance des pauvres, sitôt que l'on arrivait du fond de l'univers et qu'on jetait un regard sur lui, on s'écriait spontanément : C'est un père.

« Esprit pénétrant, âme honnête, visage serein... Oh! qu'il était beau pour moi! mon cœur pleure lorsque je parle de lui.

« Jamais la Gaule n'eut de citoyen plus illustre, et maintenant tous ces honneurs sublimes gisent dans un humble tombeau.

« Il savait apaiser les rois, gouverner ses peuples en les rendant heureux. Hélas! un seul jour a ravi au peuple toutes ces joies!

« Il vécut dans le bonheur dix lustres et quatre ans; il n'était qu'à son aurore, et déjà il n'est plus!

« Pour consoler son amour sans bornes, Placidine n'a rien épargné pour tes funérailles, et tes cendres seront toujours douces à sa pensée. »

Où faut-il chercher le tombeau de Léonce le Jeune? Nous avouons l'incertitude absolue qui règne sur ce point historique. On a bien dit que la de Saint-Fort renfermait sans doute les sépultures épiscopales des premiers siècles. Mais cette croyance, bien légitime, n'est pas entourée de preuves assez directes pour que nous la donnions comme certaine.

L'histoire ne nous a rien appris sur les dernières années de Placidine.

Son culte.

Les anciens martyrologes constatent que Bordeaux rendait un culte à Saint Léonce II, dont on faisait la fête le 17 des calendes de décembre (15 novembre). Hierosme Lopes dit à ce propos :

« Le pere Le Cointe a inscrit que l'Eglise de
« Bourdeaux en celebroit la memoire le quinziéme
« iour de Nouembre; mais cette feste nous est aussi
« inconnue que celle du precedent Archeuesque. »
De même Du Temps (*Clergé de France*, t. II, p. 188.), cité par Baurein, « observe que dans le
« supplement du *Martyrologe de France*, on lit
« que *Leonce* est honoré à *Bordeaux, le 21 du*
« *mois d'Août* (cette date est celle du premier
« Léonce); mais son nom, dit-il, ne se trouve
« dans les anciens ni dans les nouveaux Breviai-
« res, ce qui certainement doit paroître surpre-
« nant; ce qui doit surprendre davantage, c'est que

« Leonce II, dont les vertus pastorales ne cedoient
« en rien à celles de son predecesseur, soit honoré
« comme saint dans le diocèse de Montpellier; tan-
« dis que le nom de ce saint evesque est à peine
« connu dans le Diocèse même qu'il a edifié par
« l'eclat de ses vertus. »

Les *Vies des Saints du diocèse de Bordeaux* ne citent pas même le nom de ce pontife dans l'édition de 1723.

De nos jours, cette injustice a été réparée. Le Bréviaire de Bordeaux [1], approuvé à Rome le 22 décembre 1853 sur la demande de Son Eminence le cardinal Donnet, Archevêque de Bordeaux, a inscrit la fête de Saint Léonce, *Evêque et Confesseur*, sous le rit double, *au 21ᵉ jour de juillet*. Les leçons du second Nocturne sont tirées de Fortunat et de Grégoire de Tours. Celles du troisième Nocturne, du livre de saint Grégoire, pape, *Sur les Devoirs des Evêques*.

Nous demandons l'autorisation, non point de critiquer ce monument liturgique devenu sacré, mais

[1] *Officia propria Diœcesis Burdigalensis.*

de faire quelques observations sur quelques parties qui nous semblent susceptibles de rectification.

Pourquoi n'avoir pas consacré la date traditionnelle du 15 novembre ?

La quatrième Leçon fait naître Saint Léonce à Saintes ; nous croyons que plusieurs fois Fortunat parle de Bordeaux comme de la patrie de l'évêque.

La même Leçon donne environ l'année 510 comme celle de la naissance du Saint, et 564 comme celle de la mort. Avec cette dernière date, il serait impossible que Léonce eût conversé avec Fortunat, dont le voyage en Aquitaine ne peut être antérieur à 567.

Ce sont trois rectifications bien légères qu'on pourrait soumettre à l'examen du Souverain-Pontife et insérer plus tard dans le Bréviaire.

« *Léonce, né à Bordeaux vers 515, mourut vers*
« *569.* »

Cette version, quoique encore un peu douteuse, est certainement plus approchée de la vérité et ne donne prise à aucune contradiction.

Enfin, le vœu de Baurein est rempli, car, sur la rive droite de la Garonne, dans ces coteaux chantés par Fortunat et visités au sixième siècle par Léonce et Placidine, s'est élevée une belle église en l'honneur du prélat qui sema le diocèse de ses splendides monuments. Cette œuvre était digne de l'Eminent Cardinal qui a pris Léonce pour modèle, et qui, par l'activité de son zèle, est parvenu à restaurer la plupart de nos églises, et à réveiller la vie paroissiale dans le grand Archidiocèse de Bordeaux, devenu plus grand qu'au temps des Léonces par l'union de la plus belle partie du Diocèse de Bazas.

La basilique de Saint-Léonce, à Langoiran, mérite, comme son illustre Patron, cet éloge du poète :

Tu quoque dicendus Burdegalense decus.
Toi aussi tu seras appelée une gloire de Bordeaux.

FIN

PRIÈRE A SAINT LÉONCE

TIRÉE DE SON OFFICE

Permettez-nous, Seigneur notre Dieu, de nous réjouir en la solennité du Bienheureux Léonce, votre Confesseur et notre Pontife, afin qu'en célébrant sa naissance à la gloire, nous obtenions toujours votre miséricorde par le secours de sa protection, et celle de Notre-Seigneur Jésus-Christ, votre Fils, qui vit et règne avec vous en l'unité du Saint-Esprit, pendant tous les siècles des siècles. Ainsi soit-il.

ERRATA

Page 16, *ligne* 16, conscentiæ, *lisez* conscientiæ.
— 57 — 7, des jeunes couples, *lisez* du jeune couple.
— 109 — 4, armées, *lisez* armes.
— 114 — 6, daus, *lisez* dans.

TABLE

Vacance du siége archiépiscopal de Bordeaux............ 11
   Persécution d'Euric. — L'évêque de Bordeaux est mis à mort... 11
   Opinions diverses sur l'ordre dans lequel on doit ranger les évêques Cyprien, Amellie et S. Léonce I...... 13
   Textes importants de Sidoine et de Fortunat......... 15
   Dates résultant de ces textes........................ 19
   Premier voyage de Sidoine à Bordeaux. — Gallicin.... 20
   Belle dissertation de Hierosme Lopes sur la place de S. Léonce l'Ancien................................. 31
   Exil et second voyage de Sidoine — Lampride....... 36
   Dissertation sur la place d'Amellie. — Eglise Saint-Denis. 44
   Désolation des églises d'Aquitaine................... 47
   Alaric et Clovis..................................... 50

Cyprien, Evêque.. 53
   Entrevue d'Alaric et de Clovis...................... 54
   Saint Césaire, évêque d'Arles, exilé à Bordeaux, y rencontre saint Rurice de Limoges; — il éteint un incendie; — son retour...................................... 55

Concile d'Agde, 506, présidé par Césaire d'Arles........ 60
   Evêques d'Aquitaine présents au Concile............. 61
   Principaux canons................................... 63

Lettre de Rurice à Césaire.....	65
Assemblée de Toulouse.....	66
Conquête de l'Aquitaine par Clovis. — Camparrian...	67
Concile d'Orléans, 511, présidé par Cyprien.....	71
Principaux évêques. — Réconciliation des prêtres et des églises ariennes.....	72
Nom et famille de Cyprien.....	75
Partage de la Gaule entre les fils de Clovis.....	76
AMEILLE, Évêque.....	77
Nom et famille d'Ameille.....	78
Discussion sur l'église de Saint-Denis bâtie par ce pontife et reconstruite par S. Léonce II.....	80
Clodomir et Sigismond. — Amalaric et Clotilde. — Meurtre des enfants de Clodomir.....	85
Saint Léonce I l'Ancien, Évêque.....	87
Nom, famille et généalogie des Léonces et des Paulins. — Ponce Léonce, Livie, Ponce Paulin, S. Paulin, Paulin de Périgueux et son fils. — Nombreux évêques nommés Léonce, Paulin, Ameille.....	88
Quatrième Concile d'Orléans, 541, présidé par Léonce..	98
Principaux évêques.....	98
Le cycle pascal de Victorius.....	99
Léonce, protecteur de toutes les conditions.....	101
Testament de Léonce I.....	103
Son épitaphe.....	105
Saint Léonce II le Jeune, XIII° Archevêque.....	107
Discussion sur l'époque et le lieu de sa naissance.....	108
Expédition d'Espagne, 531. Léonce fait ses premières armes.....	112

Amalaric persécute sa femme Clotilde, sœur des rois francs.. 112
Childebert lui déclare la guerre, le bat et le tue........ 114
Mort de Clotilde.. 115
Childebert convoite l'Auvergne. — Trahison d'Arcade. 116
Famille d'Apollinaire, Alcime, Placidine et sa petite fille. — Apollinaire, évêque d'Auvergne ; — sa mort prématurée.. 117
Vengeance de Thierry : prise d'Auvergne. — Aregisile et Monderic. — La famille d'Apollinaire exilée...... 121

Mariage de Léonce et de Placidine, 535 ?................ 124
Louanges de Placidine...................................... 125
La noblesse gallo-romaine de Bordeaux. — Le sénateur Attique. — Le prêtre Amphion............................. 127
Généalogie des Appollinaires et des Philagres. — S. Sidoine Apollinaire ; — l'empereur Avit, Ecdice. — S. Avit de Vienne, S. Avit d'Auvergne................ 132
Epitaphe du jeune Arcade................................... 138

Léonce II, évêque, vers 545............................... 140
Il est le treizième métropolitain de Bordeaux............ 142
Vertus de Léonce.. 145

Concile d'Orléans, 549, présidé par saint Sacerdos de Lyon 147
Principaux évêques. — Marc rétabli sur son siège. — Canons relatifs à l'élection des évêques................ 148

IIe Concile de Paris, 551, où est déposé l'évêque Saffarac. 151

IIIe Concile de Paris, 557, contre les usurpateurs des évêchés et les détenteurs des biens de l'Eglise........ 153

Synode de Saintes, 562, présidé par Léonce............. 159

Déposition d'Emère. — Héracle élu, est exilé par le roi Charibert.. 163

Absence de Léonce. — Un intrus à Bordeaux. — Retour de l'évêque.. 165

Mort de saint Piens, évêque de Poitiers, et d'Emère, évêque de Saintes.. 168

Voyage de Fortunat en Aquitaine, l'an 567 et les années suivantes.. 170

Fortunat et Félix visitent le tombeau de Saint-Martin. 171

Voyage en Aquitaine. — Une basilique de Saint-Martin bâtie par Léonce... 173

Une basilique de Saint-Denis....................................... 177

Voyage sur la Garonne... 178

Arrivée à Agen... 179

Légende du diacre saint Vincent.................................. 180

Les deux basiliques de Saint-Vincent, Saint-Vincent-sur-Garonne et Saint-Vincent de Vernemetis........... 182

Incendie de Saint-Vincent par les soldats du roi Gontran.. 197

Dédicace de Vernemetis.. 203

Visite à Preignac.. 205

L'ancienne chapelle Saint-Amand................................ 207

Visite à Bordeaux... 210

Épître au prêtre Amphion... 210

Le baptistère près Saint-Seurin................................... 212

Le palais des Léonces... 213

L'église Notre-Dame.. 214

La villa Bisson... 221

TABLE.

Voyage à Saintes.. 223
   Basilique de Saint-Eutrope........................... 223
   Basilique de Saint-Viviers............................ 225
   Basilique de Saint-Nazaire........................... 228

Adieux de Fortunat... 229
   Louange de Léonce..................................... 231

Mort de saint Léonce... 235
   Epitaphe.. 236

Son culte.. 238
   Nouvel office... 239
   Eglise du port de Langoiran........................ 240
   Prière à saint Léonce, tirée de son office..... 243

FIN DE LA TABLE

Toulouse. — Imp. HÉRAIL, DURAND & DELPUECH, rue de la Pomme, 5.

EN VENTE

À LA LIBRAIRIE HÉBRAIL, DURAND & DELPUECH
rue de la Pomme, 5, à Toulouse.

LE
VÉRITABLE PAROISSIEN
DE
L'ÉGLISE ROMAINE

OU LE BRÉVIAIRE ET LE MISSEL DES LAÏQUES

CONTENANT

AVEC TOUS LES OFFICES DE L'ANNÉE ECCLÉSIASTIQUE

LA SOMME LITURGIQUE

ET THÉOLOGIQUE DU FIDÈLE

4 vol. in-18. — Prix : 3 fr. 50 le volume; franco, 4 fr.

SAINTE VÉRONIQUE DE JÉRUSALEM

APÔTRE DE L'AQUITAINE

SON APOSTOLAT, SA MORT, SON TOMBEAU
ET SON CULTE A SOULAC
OU NOTRE-DAME DE FIN-DES-TERRES,
archidiocèse de Bordeaux.

Deuxième édition. — Un vol. grand in-8° raisin, contenant cviii-362 pages. — Prix : 5 francs; franco, 6 fr.

EN PRÉPARATION
VIE DE SAINT MARTIAL
APÔTRE

UN DES FONDATEURS APOSTOLIQUES DES ÉGLISES D'AQUITAINE

Un fort vol. in-8° raisin.

Toulouse, impr. HÉBRAIL, DURAND et DELPUECH.

EN VENTE

À LA LIBRAIRIE HÉBRAIL, DURAND & DELPUECH
rue de la Pomme, 5, à Toulouse.

LE
VÉRITABLE PAROISSIEN
DE
L'ÉGLISE ROMAINE
OU LE BRÉVIAIRE ET LE MISSEL DES LAÏQUES

CONTENANT

AVEC TOUS LES OFFICES DE L'ANNÉE ECCLÉSIASTIQUE

LA SOMME LITURGIQUE

ET THÉOLOGIQUE DU FIDÈLE

4 vol. in-18. — Prix : 3 fr. 50 le volume; franco, 4 fr.

SAINTE VÉRONIQUE DE JERUSALEM

APÔTRE DE L'AQUITAINE

SON APOSTOLAT, SA MORT, SON TOMBEAU
ET SON CULTE A SOULAC
OU NOTRE-DAME DE FIN-DES-TERRES,
archidiocèse de Bordeaux.

Deuxième édition. — Un vol. grand in-8° raisin, contenant cviii-362 pages. — Prix : 5 francs; franco, 6 fr.

EN PRÉPARATION

VIE DE SAINT MARTIAL

APÔTRE

UN DES FONDATEURS APOSTOLIQUES DES ÉGLISES D'AQUITAINE

Un fort vol. in-8° raisin.

Toulouse, impr. Hébrail, Durand et Delpuech.

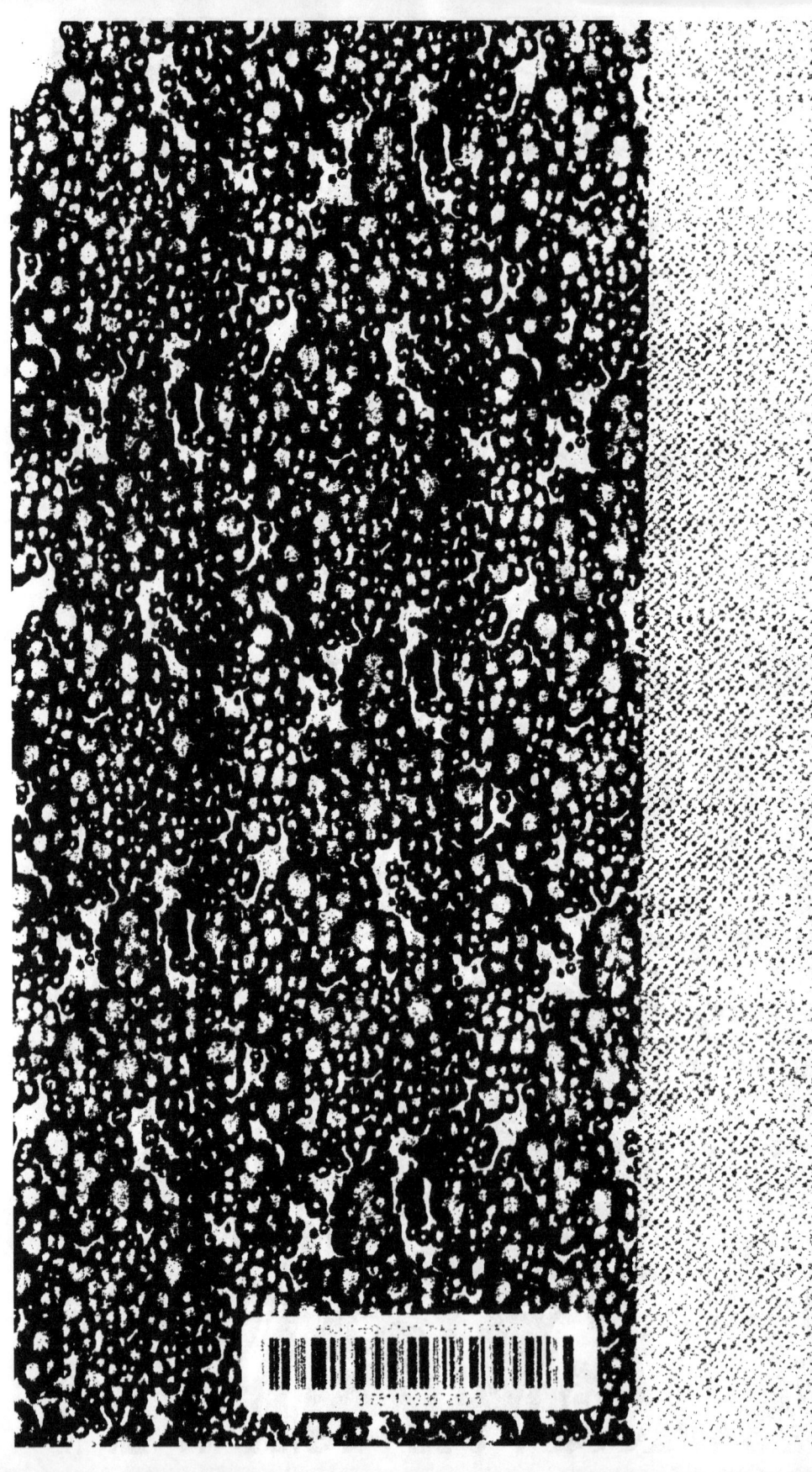